UN MOIS A VICHY.

GUIDE PITTORESQUE

ET MÉDICAL.

UN MOIS A VICHY.

GUIDE PITTORESQUE
ET MÉDICAL,

INDISPENSABLE AUX ARTISTES
ET AUX GENS DU MONDE.

Orné de six lithographies, par DEROY, d'après E. RAFFORT.

SUIVI

d'un Indicateur général, des hôtels, de leur prix, des maisons garnies, des moyens de transport, prix des eaux, etc.

PAR

HYACINTHE AUDIFFRED.

PARIS,
DAUVIN ET FONTAINE, LIBRAIRES.
35, Passage des Panoramas.

LYON,
GIRAUDIER, LIBRAIRE, PLACE BELLECOUR.
1849.

A Méry.

Cette dédicace est à la fois un hommage et un souvenir. Puisse-t-elle vous rappeler les agréables moments que nous avons passés ensemble ! C'est le seul vœu d'un ami, qui à défaut de talent, a du moins la mémoire du cœur.

A vous toujours,

H. AUDIFFRED.

Paris, Juin 1849.

PRÉFACE

QUI N'EN N'EST PAS UNE.

———◆———

Autrefois tout écrivain qui se respectait un peu, aurait cru manquer à ses devoirs envers le public, s'il n'eût fait précéder ses œuvres d'une préface, dans laquelle il avait soin d'exposer la pensée morale ou scientifique qu'il avait voulu mettre en relief. Mais aujourd'hui le goût des préfaces et des avant-propos, est passé de mode avec les précieux Elzevirs et toutes ces belles éditions de Hollande qui ne pouvaient naître qu'avec approbation et privilège du Roi.

A l'exception de la célébre préface du *Cromwel* de Victor Hugo qui est un véritable plaidoyer en faveur de l'école romantique, nous ne connaissons rien qui mérite véritablement ce nom. Ainsi, puisque comme tant d'autres vieilles choses bonnes ou mauvaises, la préface est morte et bien morte, il faut en faire son deuil, puisse-t-elle reposer longtemps en paix dans son linceul poudreux ! Au risque de sacrifier aux faux Dieux, nous croyons donc aussi devoir prudemment nous abstenir, dûssions-nous manquer cette belle et peut-être unique occasion de lancer aussi comme tous ces petits faiseurs de *speechs*, notre profession de foi politique et littéraire. A quoi bon, nous ne sommes point candidat, Dieu merci! loin de nous une pareille prétention ; nous n'en n'avons qu'une seule, c'est de pouvoir intéresser le public par la lecture de ce livre même sans préface.

Vichy.

VICHY.

PARTIE DESCRIPTIVE.

Vichy est une charmante petite ville sur l'Allier, dont l'aspect général depuis son immense pont suspendu, a pour l'étranger deux caractères bien marqués qui lui donnent quelque chose de bizarre et de singulier. En effet, tandis qu'à droite de grandes maisons, dominées par une vieille tour de l'âge féodal, étalent en amphitéâtre leurs toits sombres et allongés, la vue se repose agréablemeut à gauche, sur des constructions plus modernes surmontées par le dôme de verdure des beaux arbres du Parc qui s'étendent sur le second plan. Le mot de cette énigme sera bien facile à deviner, lorsqu'on saura que dans cette petite ville, il y a encore deux parties bien distinctes, le vieux Vichy et le nouveau Vichy. L'un triste, tortueux et délaissé ; l'autre au contraire, joyeux, élégant et confortable.

LE VIEUX VICHY.

SON HISTOIRE.

Parlons d'abord du vieux Vichy, de son histoire et de son antique importance.

Vichy est situé à l'extrémité de cette partie de l'Auvergne appelée *la Limagne*, dont la fertilité proverbiale peut lui valoir comme à la Touraine le surnom de jardin de la France. Ses alentours constituent un véritable bassin d'eaux minérales, dont la présence se trahit par les innombrables sources qui pullulent autour de Vichy. Heureux pays, où il semble que l'homme n'ait, comme Moïse, qu'à frapper le rocher de sa verge, pour en faire jaillir de nouvelles sources ! Quelques soient les accidents volcaniques, mêmes antédiluviens qui aient pu concentrer ainsi dans un rayon presque déterminé, une telle abondance d'eaux minérales, il n'en est pas moins vrai que ces phénomènes de la nature remontent très haut, car les propriétés de ces eaux étaient déjà connues des Romains, grands appréciateurs des eaux de Bourbonne-les-Bains, et de la plupart des eaux thermales de la Gaule. Ils désignaient alors Vichy, sous le nom *d'aquæ calidæ*, eaux chaudes, c'est ce qui paraît du moins résulter d'un passage des commentaires de Jules César, relatif à son passage dans le pays des *Arvernes*.

Sans avoir jamais joui, comme la ville de Cusset son orgueilleuse voisine, d'une grande importance historique, Vichy n'en dut pas moins à ce dangereux voisinage, et à sa position sur l'Allier dont le pont était une des clefs de l'Auvergne, d'être souvent mêlé et compromis bien malgré lui, dans les guerres civiles de la Praguerie, et celles entre les Protestants et les Catholiques, dites guerres de Religion. Louis XI, duc de Bourbon, qui dès 1410, y avait fondé un couvent de Célestins, où il avait dit-on, l'intention de se retirer, fit fortifier la ville. On y pénétrait par trois portes, dont la dernière qui ait subsisté, appelée porte de France, se trouvait placée, non loin de la source de l'hôpital. Elle se composait de deux tours rondes reliées ensemble par un bâtiment crénelé, mais depuis la révolution de février, les habitants de Vichy, en ont fait disparaître jusqu'aux derniers vestiges. Des sept tours qui protégeaient la ville, une seule placée sur un des points culminants du vieux Vichy, reste encore debout. Elle pourra y rester encore longtemps, car elle a un but d'utilité, on y a établi l'horloge municipale, près de laquelle flotte le drapeau tricolore. Quant aux murailles, c'est à peine s'il en reste encore quelques traces du côté des Célestins.

Vichy qui ne vécut pas toujours en parfaite harmonie avec Cusset, eut beaucoup à souffrir dans les guerres de la Praguerie. La place assiégée par le roi Charles VII en 1440, se rendit à la première sommation qui lui en fut faite, sous la condition qui, suivant un auteur contemporain fut bénignement octroyée à ses habitants, *de n'être ni pillés ni égorgés*, depuis cette époque, ils furent encore inquiétés trois fois :

La première en 1568, à l'occasion des guerres de religion, car les Protestants rompirent le pont de Vichy, pour aller à la rencontre des Catholiques qu'ils battirent complètement, dans les plaines de Cognac le 6 janvier de cette année,

La seconde, en 1576, lorsque le prince Palatin qui conduisait des troupes au secours des Protestants ses alliés, voulut passer l'Allier à Vichy, qu'il prit et dans lequel il resta retranché pendant quelques temps.

Enfin en 1590, Vichy eut encore un nouveau siège à soutenir contre le grand Prieur de France, pendant lequel, non seulement la ville, mais encore le couvent des Célestins souffrirent beaucoup du canon des assiégeants. Ce couvent fondé ainsi que nous l'avons déjà dit plus haut, par Louis XI de Bourbon, dut autant à sa position topographique qu'aux richesses immenses qu'il renfermait, le dangereux honneur, d'être plusieurs fois pillé et dévasté. Non seulement le monastère se releva de ses ruines, mais il obtint encore le privilège d'être déclaré un asile inviolable et sacré. Aussi toutes les riches familles nobles des environs, telles que les Bourbon Carencey, les La Fayette et autres briguèrent-elles l'honneur d'être ensevelies dans l'église de ce couvent. Grâce aux largesses dont il fut l'objet, il était devenu dès le commencement du 18ᵉ siècle, un lieu de délices que les buveurs d'eau ne manquaient jamais de visiter.

Cet heureux état de choses, dura jusqu'à la suppression du couvent qui fut ordonnée par Louis XV en 1774. Le dernier des Célestins est mort à Vichy en 1802. Des bâtiments du couvent devenu dès lors sans importance, il ne reste plus que des vestiges insignifiants qui ont échappé aux ravages du temps. *Sic transit gloria mundi.* C'est sur ses ruines que l'on a élevé depuis quelques années seulement, près de la source où vont se désaltérer les goutteux et les graveleux un bâtiment composé d'une salle de billard et d'un petit salon à la suite.

Il y avait bien encore à Vichy, un second couvent d'origine beaucoup plus récente que l'autre, puisqu'il ne date que de 1614. Il était occupé par des Capucins qui y donnaient des soins à ceux de leurs frères qui avaient besoin d'y prendre les eaux. Mais comme il ne se rattache à son existence, aucun fait historique intéressant, nous n'en parlons ici que pour ordre. Les bâtiments qui en dépendaient sont situés derrière le grand établissement actuel. Ils servent aujourd'hui à la fabrication des eaux gazeuses minérales, et on vient d'y établir un immense réservoir destiné à l'alimentation des bains.

Outre la vieille tour de l'horloge, on remarque encore dans le vieux Vichy, sur une petite place qui porte son nom, la fontaine des Trois Cornets avec le millésime de 1583, dans le bassin de laquelle, l'eau est amenée par des conduits que le bon duc Louis avait fait établir, et que les habitants de Cusset, dans un bel accès de jalousie, voulurent un jour détruire. A défaut de cette date qui lui sert d'extrait de naissance, l'âge de ce petit monument se devinerait facilement à la svelte légèreté de sa colonne triangulaire surmontée d'une petite croix, dont le ton s'est chaudement bruni à la hâle des siècles.

Enfin reste l'église, placée sous l'invocation de Saint-Blaise, elle n'offre malheureusement rien de remarquable, si ce n'est pourtant qu'elle a été odieusement badigeonnée à l'intérieur. De plus le chœur est orné d'affreuses peintures en style de décor, c'est probablement le chef-d'œuvre de quelque génie incompris de l'endroit.

Ce fut pourtant dans cette partie de Vichy aujourd'hui si triste et si monotone, que madame de Sevigné, dont on peut encore voir la chambre que nous décrirons plus loin, et Fléchier, l'éloquent panégyriste de Turenne, vinrent séjourner pendant une saison. Les productions en prose et en vers que les beaux sites Bourbonnais inspirèrent à Fléchier surtout, ont quelque chose de si excentrique que nous croyons faire plaisir à nos lecteurs, en leur en donnant les curieux fragments qui suivent :

« Il n'y a pas dans la nature (dit notre
« célèbre Orateur) de paysage plus beau,
« plus riche et plus varié que celui de
« Vichy.

« Lorsqu'on y arrive, on voit d'un côté
« des plaines fertiles, de l'autre des mon-
« tagnes dont le sommet se perd dans les
« nues, et dont l'aspect forme une infi-
« nité de tableaux différents, mais qui
« vers leur base, sont aussi fécondes en
« toutes sortes de productions que les
« meilleurs terrains de la contrée. Ce
« qu'il y a de plus remarquable en ce lieu
« c'est qu'on n'y trouve pas seulement de
« quoi récréer sa vue lorsqu'on le contem-
« ple, et à s'y nourrir délicieusement lors-
« qu'on l'habite, mais encore à se guérir
« quand on est malade ; etc. »

Quant à ses vers bien qu'ils soient l'œuvre d'un des quarantes Immortels, ils n'en frisent pas moins le burlesque, jugez-en plutôt :

> C'est pour voir ces lieux à loisir,
> Où la nature a pris plaisir
> A réunir dans l'étendue
> Tout ce qui peut plaire à la vue ;
> Les villages et les châteaux,
> Et les vallons et les coteaux,
> La perspective des montagnes,
> Couronnant de vastes campagnes ;
> Le beau fleuve, qui, dans son cours,
> Forme à leurs pieds mille détours :
> La verdure émaillée des plaines,
> Le cristal de mille fontaines ;
> Les prés, les ruisseaux et les bois,
> Toutes ces beautés à la fois
> Rendent le pays admirable ;
> Et dans ce séjour délectable,
> Séjour à jamais préférable
> A celui qu'habitent les dieux,
> On pense, et c'est chose croyable,
> Que pour l'utile et l'agréable,
> Jamais on ne peut trouver mieux ;
> Tous les efforts que la peinture
> Fait pour imiter la nature,
> Ne sont que de faibles crayons

Des beautés que nous y voyons.
Auprès de toutes ces merveilles,
Qui sont peut-être sans pareilles,
Je n'estimerais pas un chou,
Le paysage de Saint-Cloud,
Non plus que celui de Surène,
Arrosé des eaux de la Seine ;
Et qui vante Montmorenci,
Se tairait s'il eût vu ceci.

Madame de Sévigné vint à Vichy en mai 1676, voici en quels termes cette femme si spirituelle et si originale en parle dans ses lettres à madame de Grignan, sa fille.

« On vint me recevoir aux bords de la
« jolie rivière d'Allier, je crois que si on y
« regardait bien, on y trouverait encore
« des bergers de l'Astrée.... J'ai donc pris
« les eaux ce matin ma très chère ; ah !
« qu'elles sont mauvaises ! on va à six
« heures à la fontaine, tout le monde s'y
« trouve, on boit, et l'on fait une fort
« vilaine mine ; car imaginez-vous qu'elles
« sont bouillantes, et d'un goût de salpê-

« tre fort désagréable. On tourne, on va,
« on vient, on se promène, on entend la
« messe, on rend ses eaux, on parle con-
« fidentiellement de la manière dont on
« les rend. Il n'est question que de cela
« jusqu'à midi. Enfin on dine, après diner
« on va chez quelqu'un, c'était aujourd'hui
« chez moi. Il est venu des demoiselles du
« pays qui ont dansé la bourrée dans la
« perfection. C'est ici ou les Bohémiennes
« poussent leurs agréments. Elles font des
« *dégognades* où les curés trouvent un peu
« à redire, mais enfin à cinq heures, on
« va se promener dans des pays délicieux,
« à sept heures on soupe légèrement, on
« se couche à dix. »

Ailleurs elle dit : « Il y a ici des femmes
« fort jolies, elles dansèrent hier des bour-
« rées du pays qui sont en vérité les plus
« jolies du monde.... Il y avait un grand
« garçon déguisé en femme qui me diver-
« tit fort, car sa jupe était toujours en

« l'air, et l'on voyait dessous de fort belles
« jambes. »

Plus loin elle ajoute : « J'ai commencé
« aujourd'hui la douche, c'est une assez
« bonne répétition du purgatoire. On est
« nue dans un petit lieu souterrain, où
« l'on trouve un tuyau de cette eau chau-
« de qu'une femme vous fait aller où vous
« voulez. Cet état où l'on conserve à peine
« une feuille de figuier pour tout habille-
« ment, est une chose assez humiliante.
« Représentez-vous un jet-d'eau contre
« quelqu'une de vos pauvres parties, toute
« la plus bouillante que vous puissiez ima-
« giner, on met d'abord l'alarme partout,
« pour mettre en mouvement tous les
« esprits, et puis on s'attache aux jointu-
« res qui ont été affligées. Mais quand on
« vient à la nuque du cou, c'est une sorte
« de feu et de surprise qui ne se peut com-
« prendre, c'est là cependant le nœud de
« l'affaire. Il faut tout souffrir, et l'on
« souffre tout, et l'on est point brûlée, et

« on se met ensuite dans un lit chaud, où
« l'on sue abondamment et voilà ce qui
« guérit.

« C'est comme si je renouvelais un bail
« de vie et de santé, et si je puis vous re-
« voir ma chère, et vous embrasser en-
« core d'un cœur comblé de tendresse et
« de joie, vous pourrez peut-être encore
« m'appeler votre *bellissima madre* et je
« ne renoncerai pas à la qualité de *mère*
« *beauté* dont M. de Coulanges m'a hono-
« rée. Enfin ma chère enfant il dépendra
« de vous de me ressusciter de cette ma-
« nière. »

LE NOUVEAU VICHY.

Mais c'est assez parler du vieux Vichy, quittons au plus vite la silencieuse Nécropole, et après avoir donné quelques larmes au souvenir de ces illustres morts, entrons gaîment dans cette réalité bruyante et coquette qui est aujourd'hui le nouveau et le véritable Vichy.

Ce n'est à proprement parler ni une ville, ni un bourg, ni un village, c'est bien plutôt un immense caravensérail qui pendant quatre mois donne chaque année l'hospitalité à une myriade de malades, vrais croyans, qui pleins de foi dans la vertu de ses eaux, ont entrepris ce pèlerinage sanitaire. De belles rues larges droites et aérées comme la rue de la Paix, sont abondamment pourvues d'hôtels de tous genres, dont quelques-uns peuvent rappeler sans désavantage, les dimensions colossales de leurs très confortables émules de Mayence et de Wiesbaden, où l'on est servi en habit noir et en gants blancs. Vous n'avez ici que l'embarras du choix, il y en a pour tous les goûts et pour toutes les bourses. Seulement, dans le moment le plus fort de la saison, dans les mois de juin et de juillet par exemple, vous pourriez bien essuyer quelques mécomptes dans vos projets, si vous n'avez préalablement eu soin de faire retenir une chambre à l'avance dans l'hôtel où vous désirez descendre. Car il ne faut pas se faire illusion sur ce point délicat : Dans ce moment solennel que l'on peut appeler avec raison le coup de feu de Vichy, l'affluence d'étrangers est si grande, que l'on ne saurait avoir la prétention d'être admis d'emblée dans le sanctuaire d'un des hôtels en renom. Faute d'avoir pris vos précautions, vous courez grand risque d'être obligé d'aller camper provisoirement non pas à la belle étoile, ce qui serait par trop oriental, mais tout au moins dans quelque étroite mansarde. Tout ce que l'on peut faire pour vous en attendant, c'est de vous admettre aux honneurs de la table d'hôte et du salon, jusqu'à ce que votre tour d'inscription vous confère, au moyen des départs successifs de vos devanciers, les droits et qualités de membre titulaire de l'établissement culinaire.

Nous parlons ici pour les personnes qui aiment le monde et ses distractions, mais si votre goût, ou le genre de maladie dont vous êtes affecté vous éloignent du bruit et des prodigalités gastronomiques qui sont souvent dangereuses pour les estomacs délicats, vous pouvez aller chercher la retraite et le silence dans les maisons garnies, surtout dans le vieux Vichy, dont la vue s'étend agréablement sur le cours de l'Allier.

Une fois installé, votre premier soin doit être de rendre visite soit à M. Prunelle, l'ancien député et maire de Lyon, inspecteur des eaux de Vichy, soit à M. le docteur Petit, inspecteur-adjoint. Ces deux médecins, dont le dernier, M. Petit, qui brutalement révoqué lors de l'avènement de la République, vient d'être réintégré dans ses fonctions, sont deux praticiens également recommandables, dont les travaux et les observations consciencieuses ont amené de véritables découvertes dans l'efficacité des eaux de Vichy. Mais ces messieurs, loin d'être d'accord ensemble, pratiquent très-mal l'entente cordiale, nous allions presque dire la fraternité, car ils semblent avoir renouvelé des Grecs l'antique querelle de Galien qui dit oui, et d'Hippocrate qui dit non. Ce n'est pas nous qui nous plaindrons de ces dissensions médicales, quelque fâcheuses qu'elles puissent être pour l'esprit naturellement faible des malades toujours disposés à l'exaltation, si en définitive, la lumière de la vérité jaillissant de ce duel intelligent, peut tourner au profit de la science !

Avant 1843, les permis de bains ne pouvaient être délivrés que par le médecin inspecteur et son adjoint, mais depuis cette époque ce droit a été accordé non-seulement aux médecins exerçant à Vichy, mais encore à ceux qui résident à Cusset. Nous croyons que cette innovation est un progrès, bien plus avantageux encore pour les nombreux malades qui étaient réduits auparavant à faire queue, pour obtenir une consultation donnée à la hâte, que pour les autres médecins qui sont à Vichy, et qui comme MM. Barthez et Noyer, par exemple, ont acquis l'expérience des eaux.

Une fois muni d'un ordre de bains vous vous rendez au grand établissement dans la partie destinée aux hommes, où vous avisez au fond de la galerie, un personnage gras et frais, qu'à son heureuse physionomie vous prendriez pour quelque marchand Hollandais du Cap, gravement assis à son comptoir. C'est le chef baigneur, l'excellent M. Jarry, qui après avoir inscrit sur un registre vos nom, prénoms et qualités, vous annonce, à votre grand regret que les quatre-vingts baignoires de l'établissement sont occupées, mais que dans quelques jours vous arriverez inévitablement par votre tour d'inscription à obtenir une baignoire à l'heure que vous désirez. En attendant vous êtes obligé, bon gré, mal gré, de profiter de l'inexactitude de quelques baigneurs en pied; trop heureux lorsqu'après deux ou trois heures de faction, vous pouvez enfin vous glisser à la dérobée dans quelque baignoire laissée vacante. Vous pourriez y rester longtemps si l'inexorable coup de cloche, annonçant d'heure en heure, qu'une nouvelle *Série* va vous remplacer, ne venait vous arracher à vos agréables rêveries.

Grâce au nombre toujours croissant de baigneurs, la première série devance l'aurore, et ne craint pas l'indiscrète, de venir dès trois heures du matin, troubler le sommeil de la Naïade endormie, dont l'inépuisable bienfaisance leur est acquise depuis cette heure jusqu'à celle du diner. Mais soit que le bain du matin soit regardé comme plus efficace, soit qu'il laisse plus de liberté pour le reste de la journée, il est le plus recherché. Aussi faut-il être matinal à Vichy, dès les premières lueurs de l'aube, de gracieux fantômes se glissent légers comme des sylphes, dans les mystérieuses allées du Parc, qui peu à peu se peuple jusqu'au déjeûner de promeneurs et de promeneuses, dont le négligé plus ou moins élégant, fait le sujet des conversations de la fashion que l'on est toujours certain de rencontrer dans toutes les eaux du monde, que ce soit à Vichy, à Bade ou à Hombourg. Toute cette population exotique, composée d'hommes jeunes et vieux, de femmes ou de jeunes filles pâles et languissantes, qui va d'une source à l'autre, le verre à la main, absorber de quart d'heure en quart d'heure, la quantité d'eau qui lui est prescrite, forme un spectacle assez curieux. Il serait plus réjouissant surtout pour les buveurs, si les dispensatrices des fontaines, au lieu d'être ces femmes vieilles et laides que vous savez, étaient métamorphosées en jeunes et fraîches Bourbonnaises à la taille fine, au gracieux sourire, dont le chapeau si coquet est le moindre ornement.

Mille pardons de cette petite digression, qu'elle ne vous fasse pas manquer le déjeûner, qui à dix heures précises est annoncé par les cloches de tous les hôtels, dont le carillon assourdissant est loin d'être aussi harmonieux que celui des églises de

Liége ou de Malines. L'appétit aiguisé par l'action des eaux, la promenade et l'air du matin attend avec impatience ce fortuné moment. Aussi est-ce avec une exactitude toute militaire que l'on s'asseoit à l'immense tâble d'hôte, dont suivant l'usage général des eaux, le dernier venu occupe invariablement le bas bout. Si l'on y cause peu, en revanche on y mange beaucoup, souvent même un peu trop, malgré les prescriptions des médecins. Mais comment ne pas succomber à la tentation, et puis la faim est une si mauvaise conseillère...

Après le déjeûner on fait une demi-toilette pour aller au salon de l'hôtel, où les personnes peu ingambes, les profonds politiques et les dames font volontiers élection de domicile. On lit les journaux, on devise de la pluie et du beau temps, on cause beaucoup et l'on médit bien un peu, on parle bal, modes, toilettes et surtout dentelles. C'est un sujet inépuisable de conversation que les marchandes de Clermont et du Puy prennent grand soin d'entretenir, par leur visite quotidienne. Les amateurs de Wisth et de Boston, sont à leur poste, tandis que les dilettanti font de la musique, car à Vichy, notez le bien, il y a des pianos partout. Aussi est-ce un concert continuel, piano, chant, violon, flûte, cornet à piston, rien n'y manque. Il y a certains salons qui pourraient passer à bon droit pour de véritables succursales du Conservatoire. Ceux que ce débordement musical ne séduit que médiocrement, vont jouer au billard, ou flaner dans le Parc en fumant un cigare.

Quant à la nombreuse et intéressante variété de buveurs et de buveuses qui aime la locomotion, les plaisirs champêtres et les excursions pittoresques, elle a pris joyeusement son vol après le déjeûner, emportée avec plus ou moins de rapidité par les voitures qui ne manquent pas de venir stationner tous les jours à onze heures devant tous les hôtels. Lorsque la course que l'on se propose de faire n'est pas trop longue, les dames et même quelquefois les messieurs, donnent la préférence à la modeste monture de Balaam, fort en honneur dans tout le pays. Beaune si drôlatiquement illustré par les malicieuces boutades de Piron est décidément dépassé. L'âne, puisqu'il faut l'appeler par son nom, n'est plus à Vichy, cet animal rustique et patient dont parle M. de Buffon. Loin d'être comme ailleurs traité en Paria, il a acquis ici droit de cité, il n'est sorte d'artifices que l'on n'emploie pour le rendre séduisant, on y a presque réussi.

Non-seulement on le brosse, on le peigne, on le lave comme une petite maîtresse, mais encore pour lui donner un air de coquetterie on le pare comme une châsse. Puis lorsqu'il est ainsi attifé, on complète la métamorphose en lui donnant un de ces gentils petits noms qui ne sont encore connus que dans le calendrier profane des Lorettes, comme Mina, Lili ou

Frisette. Il y a vraiment de quoi faire tourner la tête, lorsqu'on enfourche cette fringante monture à la plus grande joie de la compagnie et surtout de l'heureux habitant de Vichy, qui dans quelques cent ans d'ici, est capable de lui élever une statue. Il n'y aurait là rien d'impossible, on encensait bien le Veau d'or.

A cinq heures précises, le coup de cloche du diner, rappelle comme par enchantement, toute cette population éparse, la clochette d'Aladin ne ferait pas mieux. On prend place à table, tout en rapportant de Randan, de Busset ou d'Effiat, un de ces appétits meurtriers qui pourraient avec raison faire le désespoir des maîtres d'hôtels, s'ils n'étaient habitués depuis longtemps à ces razzias quotidiennes. Rien n'est épargné, pas même cette myriade de sucreries et de friandises étalées au dessert, dont la délicieuse variété, peut rivaliser avec ces montagnes de compotes, et ces rochers de sucre candi et de caramels de l'*Ile des Plaisirs*, que Fénélon dépeignait en traits si ingénieux à son auguste élève, monseigneur le duc de Bourgogne, fils de Louis XIV.

Au dîner succèdent les causeries intimes, les bouffées du cigare, et les apprêts de toilette pour la promenade du soir, qui a lieu le plus souvent dans le joli Parc, dont Napoléon dota Vichy en 1812, par un décret daté du fond de la Russie. C'est un immense jardin sans accidents de terrain, planté à la française et desservi par plusieurs allées transversales auxquelles un bassin sert de rond point. Son allée principale au moyen de laquelle le grand Établissement communique avec sa succursale de la place Rosalie, forme une véritable salle d'ombrage, dont la voûte de feuillage est fort utile sans doute, mais a quelque chose d'un peu trop écrasé peut-être.

C'est là, en face du grand établissement que se donnent tacitement rendez-vous le monde élégant, et la fashion des malades et des oisifs qui viennent aux eaux plutôt pour se guérir du spleen que d'autres maladies souvent imaginaires. Le coup-d'œil animé que présente le soir cette allée avec sa double bordure de chaises, peut rappeler à certains égards une allée des Tuileries. Même luxe, même foule, mêmes ridicules; on y voit de plus des buveurs venus exprès des quatre coins de l'Europe, qui, de la perfide Albion, qui de la Russie, qui de l'Espagne; il y en aura bientôt qui viendront de la Californie pour peu que l'or du Sacramento ne soit pas encore un puff américain. Aussi n'est-il pas rare d'entendre des colloques dans le genre de celui-ci :

— Je ne me trompe pas, voilà M. de Silvas, ce riche et aimable banquier Espagnol, avec lequel nous avons fait de si bonnes parties l'an passé; je cours à sa rencontre pour savoir de ses nouvelles, il donne le bras à une jeune femme qu'à la souplesse de sa taille et à ses pieds mignons je reconnais facilement pour une Andalouse pur sang.

—Eh bonjour donc, mon cher Hidalgo, comment vous portez-vous?

—Assez bien merci, et vous-même? que je suis heureux de vous rencontrer!

—C'est bien aimable à vous d'être revenu voir les anciens amis.

—Que voulez-vous, Madrid est insipide en ce moment, il y a 40 degrés de chaleur, une véritable température des tropiques, et puis la cour est partie, Isabelle est à la Granja, et le petit Paquo à l'Escurial, enfin il n'y a plus personne dans la capitale. Pour ne pas périr d'ennui, j'ai proposé à Pepa ma pupille que je vous présente, de venir ici avec moi, nous avons pris la malle-poste, et nous voici.

—Je vous en fais mon bien sincère compliment.

—Et vous-même mon cher Brescoff, y a-t-il longtemps que vous êtes ici ?

—Deux jours seulement ; j'ai quitté Saint-Pétersbourg depuis peu, et je repars d'ici le 15 août fixe. Le paquebot du Levant m'emmènera de Marseille à Constantinople, j'irai de là à Alexandrie, d'où je repartirai par la malle de l'Inde pour Calcutta. je pousserai probablement jusqu'à Canton que je ne connais pas encore.

—Vous êtes donc toujours le même, touriste infatigable, le Juif-Errant est décidément distancé !

—Que voulez-vous, le mouvement c'est la vie, et je crois que plus on a voyagé, plus on a vécu.

Et mille autres conversations du même genre, qui viennent rompre d'une manière inattendue, la monotie des redites et des lieux communs qui trop souvent à Vichy, comme ailleurs tiennent lieu d'entretiens.

Parfois quelques promeneurs solitaires semblent errer mystérieusement comme des âmes en peine, dans les allées latérales, cherchant peut-être un de ces monuments si nombreux et si utiles, que l'Édilité parisienne a répandus avec autant de profusion que de sollicitude sur tous les boulevards, mais qui à Vichy brillent encore par leur absence. Espérons que bientôt, quelques-uns de ces jolis kiosques au croissant doré viendront égayer un peu la verdoyante monotonie des arbres du Parc.

Cependant il se fait tard, le jour baisse, les élégantes et les lions ont déserté peu à peu la grande allée, pour aller faire leurs préparatifs de toilette pour le bal qui se donne dans les salons de l'établissement thermal. Avant d'y entrer jetons un coup-d'œil rétrospectif sur son histoire, et les diverses transformations qu'il a subies,

C'est un sujet assez intéressant pour que nous en parlions avec quelques détails, dont nous l'espérons on nous saura gré.

L'ÉTABLISSEMENT THERMAL.

L'Établissement Thermal.

Bien que la réputation des eaux de Vichy qui font aujourd'hui la richesse du pays, fût connue depuis fort longtemps, l'art n'avait cependant rien fait pour en embellir le séjour par un monument en harmonie avec leur importance. Elles étaient administrées par les couvents des Célestins et des Capucins qui recevaient chez eux les membres infirmes de leur ordre. Plus tard, au milieu du 18° siècle, l'établissement consistait seulement dans un petit édifice de médiocre apparence appelé *maison du Roi*, qui servait à recueillir les eaux de la source dite du *grand Puits*, et dans lequel on avait établi tant bien que mal des appareils pour les bains et les douches. Des auberges sales et mal propres possédant quelques baignoires que les garçons de service remplissaient avec l'eau des sources qu'ils allaient puiser fort loin ; puis la seule promenade du couvent des Capucins ; tel était le triste aspect que présentait Vichy, lorsqu'en 1787 mesdames Adélaïde et Victoire de France vinrent y faire un voyage de santé. Elles participèrent, toutes princesses qu'elles étaient, au malaise général, dont se plaignaient les autres malades, car rien n'avait été changé pour leur faire une réception digne de leur rang, *elles étaient deux malades de plus.*

Mais leur présence ne fut pas stérile pour la prospérité de Vichy. D'après le rapport qu'elles en firent dresser, un nouveau bâtiment fut élevé, il n'était que le prélude d'améliorations plus importantes qui furent arrêtées, mais que la révolution ne leur permit pas de voir se réaliser. Bien que sous l'empire, Napoléon eût enrichi Vichy du Parc, la visite que la duchesse d'Angoûlème à peine rentrée en France y fit en 1814, fut loin de la satisfaire. Aussi donna-t-elle suite sans retard, mais sur une bien plus grande échelle, au projet primitif de Mesdames, en posant la première pierre du vaste établissement actuel, pour lequel elle fournit une partie des fonds. En 1830, elle était venue de nouveau y prendre les eaux, lorsque la révolution de Juillet, la rejeta encore une fois, loin du territoire de la France.

En 1846, M. Cunin-Gridaine, alors ministre du commerce, l'un des habitués les plus assidus de Vichy, fit faire à l'établissement des embellissements que la progression incroyable des baigneurs autant que la nécessité du confortable rendaient impérieusement nécessaires. Ce fut par ses soins intelligents que Vichy, qui est une propriété de l'État, reçut des améliorations importantes qui furent habilement dirigées par M. Isabelle, architecte d'un grand mérite.

Les cabinets de bains ornés de glaces, revêtus de carreaux de porcelaines et enrichis de peintures ont pris un air de coquetterie et de gaité. Quant aux mauvaises baignoires en bois ou en pierre noirâtre de Volvic, elles ont été remplacées par de nouvelles en métal, dont les bords sont gracieusement évasés ; de plus ces cabinets sont tous parquetés. Malheureusement l'affluence des baigneurs augmente tellement que le nombre de ces baignoires est devenu tout-à-fait insuffisant. Ce n'est pas tout, l'eau minérale manquant souvent, on se voit obligé pour y suppléer de couper le bain avec de l'eau de rivière. Mais ce grave inconvénient va disparaître au moyen d'un vaste réservoir pour l'approvisionnement de chaque jour, que l'on construit dans l'ancien enclos des Capucins, et qui sera incessamment terminé.

Le style d'architecture de l'établissement est d'une élégante simplicité ; la partie sud du côté du jardin, plus élevée que les autres d'un étage, présente une façade de dix-sept arcades, couronnée par une horloge monumentale au cadran de pierre. Une immense galerie servant de promenoir, les cabinets de bains et de douches pour les hommes et les femmes occupent tout le rez-de-chaussée, tandis qu'au premier étage se trouvent la salle de billard, et les cabinets de jeu et de lecture ainsi que le beau salon faisant face au jardin, qui tenait lieu de salle de bal. En 1845, ces salons, tous grands qu'ils étaient, devinrent cependant insuffisants : ils durent être augmentés d'une manière considérable au moyen de nouvelles pièces s'ouvrant sur le bâtiment intérieur, et pouvant être modifiés au besoin par des cloisons mobiles. Une vaste rotonde qui relie entre elles toutes ces salles, a été inaugurée solennellement le 14 juillet 1846, par un grand festival, à l'éclat duquel ont concouru les premiers artistes de la capitale. Chaque année les grands talents qui veulent se faire entendre, y recoivent l'hospitalité moyennant une rétribution fixée par l'administration.

Mais toutes ces magnificences de l'art, toutes ces recherches du luxe seraient tristes et sans attraits, si l'archet magique de Strauss, ne venait comme la baguette de l'enchanteur leur communiquer le mouvement et la vie. C'est ici le lieu de vous tracer une légère esquisse biographique de cette célébrité musicale.

STRAUSS.

STRAUSS.

Notre Strauss, ainsi que le désigne Berlioz dans son spirituel feuilleton du journal des Débats, intitulé les *Deux Strauss*, est bien réellement Français, puisqu'il est né à Strasbourg. Il ne faut donc pas le confondre avec son homonyme de Vienne, dont il est le digne et heureux émule. En 1827 il arriva à Paris, et la même année il entra au conservatoire dans la classe de Baillot, où il ne tarda pas à se faire remarquer par son talent sur le violon. C'est lui qui nous a apporté ce nouveau rythme de valses, si entraînant et si original qui fit une véritable révolution dans la danse des salons de Paris. Depuis, Strauss a toujours tenu le sceptre de chef d'orchestre de la société élégante. Il nous a produit une foule de valses et de polkas devenues populaires en Europe, et qui lui ont valu l'honneur d'être appelé par plusieurs Souverains à diriger les grandes fêtes qu'ils ont données.

En 1842, à Gênes, Strauss excita un véritable enthousiasme à la cour de Sardaigne, où il conduisait l'orchestre des bals brillants donnés à l'occasion du mariage du duc de Savoie. En 1847, lors des trop fameux mariages Espagnols, Strauss, se surpassa avec ses valses et ses polkas à la cour de Madrid, où il lui fut fait des propositions magnifiques, pour l'engager à passer l'hiver dans la capitale des Espagnes, mais il refusa, car avant tout, il préférait son cher Paris.

En se rendant au printemps de 1843 aux eaux d'Aix en Savoie, où pendant plusieurs années, il fit les délices des bals et des concerts, Strauss s'arrêta un jour à Vichy, qui n'était alors fréquenté que par un bien moins grand nombre de malades que maintenant. Parmi eux se trouvait M. Cunin-Gridaine, ministre du commerce : il sentait que pour accroître l'importance de Vichy, il fallait lui donner une nouvelle impulsion. Il s'adressa donc à notre artiste et l'engagea à prendre la direction des salons de l'établissement alors à peu près délaissés. Cette idée sourit à Strauss qui à son retour à Paris traita avec le gouvernement et fut nommé directeur des salons de l'établissement thermal.

L'aspect de Vichy a totalement changé depuis ; le nombre des personnes malades, et des plusgrandes familles et de France et d'Angleterre attirées par les plaisirs de la musique et de la danse non moins que par la réputation des eaux, s'est prodigieusement accru. Aussi dès la seconde année de son privilège, les anciens salons déjà très spacieux, étant devenus trop petits, ainsi que nous l'avons dit, Strauss fut obligé de faire construire à la suite les galeries et la nouvelle rotonde.

Cette salle, d'une coupe charmante, sert seulement dans les jours solennels pour les bals et les concerts. Elle est ornée de moulures dorées, de splendides girandoles aux cent bras, et de peintures allégoriques, dont les médaillons gracieusement enchâssés dans des guirlandes de roses de Pœstum et de mille autres fleurs forment un effet magique. C'est là qu'à la lueur étincelante des bougies, aux accords d'une musique enchanteresse, se donne rendez-vous l'élite de cette société cosmopolite qui est toute étonnée de s'y trouver réunie. A voir cette enceinte circulaire garnie de femmes éblouissantes de beauté et de parures, vous diriez une immense corbeille de fleurs animées, dont les calices entrouverts par le souffle voluptueux du plaisir, laissent échapper leurs parfums les plus enivrants. Grâce à ces puissants moyens de séductions, l'imagination et le sentiment marchent vite, aussi Dieu sait-il seul, combien de romans intimes, et de mariages des plus brillants des plus fabuleux même, se sont noués sous le charme de ces accords. Vichy est devenu un second Gretna-Green dont Strauss s'est institué le grand Prêtre. C'est un terrible concurrent pour MM. de Foy et autres négociateurs en mariage dont les réclames se terminent toujours par la formule sacramentelle. (Discrétion sévère aff.)

Ces heureux résultats, il faut le dire ici bien haut, sont dus en grande partie, à la bonne compagnie que l'on est habitué à rencontrer dans les salons, la mère peut en toute sécurité y conduire sa fille, car on y voit rarement de ces femmes galantes qui font les eaux, à peu près comme les adroits voleurs à la tire font le foulard. Il en est de même de leurs dignes acolytes, nous voulons parler de ces Grecs, comtes ou barons du Saint-Empire, chevaliers de plusieurs ordres et commandeurs de quelques autres, héros tarés du Lansquenet et du Baccarat, dont le commerce interlope est si florissant dans les eaux d'Allemagne. S'ils n'exploitent pas Vichy, c'est qu'ils n'y feraient pas leurs frais, le règlement s'y oppose.

On y rencontrait bien ces années dernières quelques beaux fils d'insolents parvenus, pâle échantillon de cette jeunesse dorée à la Ruolz, qui à défaut d'autre illustration, cherchaient à enrichir la nullité de leur nom d'une petite particule, et à se faire remarquer par l'excentricité de leur costume Louis XIII ou Régence. Espèce de Roués innocents qui n'ayant pas encore reçu le baptême héraldique, prenaient sans doute les eaux de Vichy pour celles d'un nouveau Jourdain auxquelles ils venaient platement mendier la consécration de leur sotte vanité. Arrière, effrontés mignons arrière, la mendicité est interdite. Mais depuis l'avènement de la République ces gentilshommes de bricole ont prudemment disparu emportant avec eux leurs blasons usurpés, ah ! malheureuse, malheureuse France !!

Revenons à Strauss, non seulement c'est un grand maëstro, mais nous le soupçonnons encore d'être un profond diplomate. Non content de flatter les passions ardentes de la jeunesse par ses valses et ses polkas, il a encore cherché à exciter les caprices de la vieillesse par l'attrait des mille objets de fantaisie, sur lesquels se rejettent avec fureur certaines individualités ardentes que l'âge ou la maladie ont fait déchoir, mais qui ont conservé toute leur verdeur d'imagination. Aussi faut-il voir sa collection de tableaux, on se croirait à l'exposition d'une de ces belles ventes de l'hôtel de la rue des Jeûneurs qui sont devenues le monopole des Ridel et des Bonnefons de Lavialle. Ici sont les tableaux anciens, sujets religieux, historiques ou plaisants, là les tableaux modernes, des pastels et des miniatures. Il n'y manque pour compléter la fête que les objets d'art et de curiosité, espérons que nous y verrons aussi bientôt, des pendules antiques, des meubles de Boule et de bois de rose dignes de figurer chez Monbro; puis des porcelaines de Sèvres montées, des groupes en vieux Saxe, des Emaux de Limoges, des Ivoires précieux des XIIe et XIIIe siècles, des terres cuites de Clodion, des Bernard Palissy, et un déluge de bagues, de camées, de médailles et de pierres dures à faire bondir de joie un antiquaire. Comment y résister alors, c'est déjà bien difficile, car le démon tentateur a pris les traits de mesdames Strauss. Si le nom de Strauss menace de s'éteindre faute de descendants mâles, espérons du moins que ses charmantes filles animées d'une noble émulation, ne laisseront pas tomber en quenouille le sceptre glorieux de leur père.

LA CHAMBRE

DE

MADAME DE SÉVIGNÉ.

LA CHAMBRE

De madame de Sévigné.

Lorsque vous marchez à l'aventure dans le vieux Vichy dont les replis multipliés forment un véritable labyrinthe, s'il vous prend fantaisie de diriger vos pas vers la place de la mairie, vous trouvez à l'angle gauche de cette place, une maison ancienne d'assez bonne apparence, occupée actuellement par madame Ramin. Ce fut dans cette maison que vint séjourner en

1676, madame de Sévigné. De trop agréables souvenirs s'éveillaient à ce nom dans notre esprit pour que nous ne désirions pas visiter la chambre dans laquelle cette femme si spirituelle avait reposé pendant quelques temps sa tête. La maîtresse de la maison s'empressa de satisfaire notre curiosité bien naturelle ; ce fut la tête toute remplie des histoires galantes et musquées du règne de Louis XIV que nous arrivâmes à cette chambre située au premier étage, et éclairée par une seule fenêtre d'où l'on découvre l'Allier. Elle n'a rien de remarquable en elle-même, un papier moderne hélas ! en décore actuellement les murs ; une bergère très large, une console sculptée et une petite glace qui paraissent être du temps, tels sont les seuls objets qui rappelent aujourd'hui la présence de cette femme célèbre.

Mais quoi ! les eaux de Vichy auraient elles donc aussi la vertu des eaux de l'Hyppocrène ; et ses ânes seraient-ils devenus des Pégases? Jugez en plutôt, quelques beaux esprits, poètes incompris sans doute, qui ont habité successivement cette chambre devenue désormais historique, n'ont pas voulu la quitter sans y laisser quelques échantillons de leurs distiques et de leurs sonnets, dont la maîtresse de la maison eut l'obligeance de nous exhiber avec une dignité quelque peu emphatique plusieurs morceaux heureusement inédits. Il n'est pas jusqu'à notre célèbre Baillot qui épris de belle passion poétique, n'ait dit-on sacrifié à la déesse du lieu. Défiez vous donc de ceux qui s'en vont disant que les eaux de Vichy sont une panacée universelle, car si elles guérissent de la goutte et de la gravelle, elles peuvent donner naissance à des accidents lyriques secondaires, cent fois plus dangereux pour les lecteurs que pour les auteurs. Nous soumettons très humblement cette observation au diagnostic de MM. Prunelle et Petit; qu'ils veillent!

Cette chambre paraît devoir être doublement vouée à l'attention et au respect des visiteurs, ce sera bientôt un but de pèlerinage, car pendant la saison de 1847 elle fut occupée par Mme de Lamartine, cette autre femme célèbre aussi, non moins par son éminent talent d'artiste, que par l'inépuisable bonté de son cœur. Un petit buste de Lamartine a été placé sur la cheminée comme un pieux souvenir du séjour de la digne compagne de sa vie et de sa gloire. Est-il besoin de dire que nous sortîmes de cette chambre moins gai que nous n'y étions entré, non en vérité, puisque nous pensions au gracieux bénitier de l'église de St-Germain-l'Auxerrois, * et à Julia cette fille chérie, pauvre enfant dont le souffle de la mort a courbé le chaste front pour toujours !

* Ce bénitier a été sculpté par Jouffroy, d'après un dessin original de madame de Lamartine.

HOPITAL CIVIL.

Cet hôpital est situé sur la place Rosalie, à laquelle pour cette raison on donne souvent aussi le nom de place de l'Hôpital. Il n'offre soit intérieurement soit extérieurement rien qui soit bien digne de remarques. Mais il est bien tenu et très-utile, car outre les indigents de la localité, il reçoit chaque année un grand nombre de pauvres malades étrangers qui y sont traités avec une sollicitude aussi tendre qu'éclairée.

Hôpital Militaire.

Cet établissement situé rue Lucas, a la forme d'un beau parallélogramme, il n'est ouvert que depuis le 15 juillet 1847. Il formait autrefois l'hôtel tenu par M. Cornil, de qui le gouvernement l'a acheté. Sa position entre une grande cour ombragée et un vaste jardin qui réunit l'utile à l'agréable, en fait un lieu très-aéré rendu encore plus salubre par son excellente tenue. C'est comparativement au magnifique et immense hôpital militaire de Bourbonne-les-Bains, un établissement tout-à-fait secondaire, car il contient à peine trente lits d'officiers et soixante-dix lits pour les soldats, qui à la vérité pourraient être facilement augmentés. Un long corps de bâtiments qui se trouve à gauche en entrant dans la cour a été affecté au casernement des troupes qui y sont détachées et d'un garde du génie.

Cet hôpital rentre dans les attributions du ministère de la guerre qui le fait administrer par un officier comptable. Il a droit quant à présent à douze mille litres d'eau minérales par jour ; il ne possède pas encore de baignoires, mais des fonds ont été votés pour en payer la première installation.

Succursale du grand établissement Thermal.

Indépendamment du grand établissement que nous avons décrit, il en existe encore un petit qui lui sert de succursale, et qui est situé place Rosalie, à côté de l'hôpital. Il a été créé en 1819, on y a ménagé un petit salon. Les bains sont alimentés ainsi que ses douches par une partie de la source de la fontaine Rosalie. Un registre d'inscription spécial est tenu pour les malades qui le fréquentent; c'est dans son genre un établissement complet qui rend, toute proportion gardées, le mêmes services que le grand.

DISTRACTIONS.

La journée que nous avons esquissée, ne donnerait pas encore une idée bien exacte de l'emploi du temps à Vichy, si nous n'y ajoutions pas quelques traits pour compléter le tableau. Indépendamment des deux cabinets de lecture qui sont amplement pourvus de livres et de journaux; un tir au pistolet, des cours de valses, de polkas, voire même de mazurkas et de redowas, dirigés par le frère de Strauss offrent encore un joyeux passe-temps à une certaine classe voltigeante de buveurs d'eau qui les fréquentent avec beaucoup d'assiduité. Puis la curieuse collection minéralogique de Percepied avec ses incrustations, et ses pétrifications, ses produits de Saint-Nectaire et du Mont-d'Or, peuvent encore faire passer une heure aussi instructive qu'agréable

Enfin, chose incroyable, la danse est devenue à Vichy un si grand besoin, une telle nécessité que les deux grands bals donnés chaque semaine à l'établissement ne suffisent pas à l'ardeur des buveurs que l'on croirait piqués de la tarentule. Aussi ne se passe-t-il guère de semaine, sans qu'un bal par souscription au moins, ne s'organise dans les grands hôtels. Peu importent les prescriptions des médecins, quant au résultat, on s'en préoccupe fort peu. A Vichy, on ne pense qu'à boire et à s'amuser, on laisse la maladie en y entrant, sauf à la reprendre en partant. Il n'est pas jusqu'à la mort cette vieille douairière qui ne rit et ne pardonne jamais, dont on ne se moque aussi un peu, elle est passée à l'état de préjugé. Il y a bien à la vérité dans un coin obscur un cimetière qui semble se cacher comme un pauvre honteux, mais il est si petit, si retiré à l'écart, nous allions presque dire si coquet qu'on ne s'en effraie pas le moins du monde. C'est un véritable hors d'œuvre, très-peu goûté déjà des habitants de la paroisse, et dont la gente buvante et polkante n'a que faire.

Avec de telles dispositions, et tous ces éléments de plaisirs si variés, il est impossible de s'ennuyer, en eût-on la meilleure volonté du monde. Voilà ce qui fait de Vichy ce pays charmant, si plein d'attraits et de séductions, dont la réputation égale, si elle ne surpasse déjà celle des Eaux les plus renommées de l'Europe.

Vers la fin de septembre, lorsque sous l'influence de l'automne les feuilles jaunissantes, commencent à prendre ce ton chaud précurseur certain de leur chûte, toute cette animation disparait avec les derniers malades. La saison ordinaire est finie, la ville rentre alors dans le silence du tombeau, mais son sommeil loin d'être la mort, n'est qu'une léthargie bienfaisante, car aux premières lueurs de soleil du printemps, quand le parc se couvre de nouvelles feuilles, les persiennes des hôtels se rouvrent gaîment, et les malades reparaissent avec les fleurs odorantes des lilas. C'est le signal de la fête annuelle de la saison des eaux qui recommence, pour continuer ainsi tant qu'il restera une goutte d'eau dans les sources de Vichy. Puissent-elles, pour le soulagement de l'humanité, être aussi inépuisables que la bienfaisance de Dieu!

PROMENADES

ET

Excursions Pittoresques.

LA COTE SAINT-AMAND.

**De Vichy à la côte Saint-Amand,
1 heure.**

Une des promenades les plus fréquentées et les plus agréables de Vichy, à cause de sa proximité, est sans contredit celle de la côte Saint-Amand. On s'y rend à pied ou à âne, mais pour ne pas changer cette partie de plaisir en un véritable désagrément, il sera sage de partir le matin ou le soir, car dans les journées de juillet ou d'août, l'ascension au point culminant est assez fatiguante surtout pour des malades.

En quittant Vichy par la route de Nîmes, on longe l'enclos des Célestins, et on laisse sur la droite l'Allier mollement endormi à l'ombre des bouquets de saules et de peupliers ; puis l'on s'achemine à l'aventure par un chemin montueux dont l'accès assez facile vous initie peu à peu aux beautés du paysage. Enfin après une heure de marche on arrive au sommet de la montagne, d'où se déroule magiquement aux yeux un véritable panorama, dont la variété égale l'immense étendue. En effet, depuis les riches coteaux de vignes parsemés d'arbres que vous foulez aux pieds, le regard plonge sur l'Allier qui se déroule en replis capricieux, abandonnant l'ingrat, les larges et tristes grèves qui naguère le recevaient si joyeusement dans leur sein. C'est en vain que, nouvelles Arianes, elles pleurent son abandon, l'infidèle sourd à leurs plaintes fuit et fuit toujours.

En face, les jolis villages d'Abret, d'Hauterive et une immense étendue de forêts dépendant la plupart de Randan, s'étendent presque à perte de vue, jusqu'aux pieds des montagnes de l'Auvergne aux angles bizarres dont le Puy-de-Dôme semble être le roi. A gauche, l'élégant pont de Ris, le Rendez-vous de chasse et la chaîne immense des montagnes du Forez frappent vos regards étonnés; tandis qu'à droite en suivant le cours de l'Allier, on aperçoit Vichy avec son joli pont, ses massifs d'arbres et de vignobles, enfin à l'extrémité de l'horizon, les coupes arrondies des monts Dores, puis un lointain vague, immense, infini comme l'Océan. C'était par une belle soirée de juillet que nous fîmes cette promenade. Au moment où nous arrivions au sommet de la côte, le soleil couchant éclairait de ses derniers feux le splendide spectacle de cette belle nature, toute rougissante encore de ses ardents baisers; tandis qu'une vapeur d'or et de pourpre embrâsait l'atmosphère, dont Claude le Lorrain, a eu seul jusqu'à présent le secret de reproduire les lignes si transparentes et si lumineuses.

Peu à peu à ces chaudes nuances succédèrent des tons plus pâles, c'étaient les mélancoliques précurseurs de la nuit, qui bientôt voila de son ombre ce magnifique tableau fait pour désespérer par ses proportions grandioses tous les peintres de diorama. Il ne nous restait plus qu'à partir, c'est ce que nous fîmes en descendant par un sentier rapide qui nous conduisit à travers vignes et force cailloux jusqu'au petit village d'Abret, d'où nous rentrâmes à Vichy par la route de Nîmes, encore tout enthousiasmé de notre excursion.

HAUTERIVE ET BUSSET.

HAUTERIVE.

De Vichy à Hauterive,

1 heure 1/2.

Nous avions été trop satisfait de notre promenade à la côte Saint-Amand, pour ne pas désirer ardemment de nous rendre à Hauterive et surtout à Busset dont la position encore plus élevée nous promettait de nouvelles beautés de perspective. Comme le voyage est chose facile en voiture, plusieurs aimables baigneuses se joignirent à nous, et ce fut sous les plus joyeux auspices que notre convoi composé de trois grandes voitures découvertes sortit de Vichy par la route de Nîmes. Il faisait ce que l'on appelle vulgairement un véritable temps de dames, car le soleil s'était ce jour là pris d'un bel accès de timidité; c'est à peine si sa face pudiquement voilée osait se montrer à de rares intervalles.

Grâce à cette galanterie de sa part nous pûmes revoir avec grand plaisir les bords de l'Allier; le temps était si propice qu'arrivées au village d'Abret, les dames exprimèrent le désir de profiter de cette occasion pour visiter d'abord les sources d'Hauterive, ce qui pouvait se faire facilement en déviant un peu de notre route. Après avoir jeté un rapide coup-d'œil sur le vieux château d'Abret, dont la position à mi-côte est assez agréable, nous descendîmes avec nos voitures par un chemin très-rapide vers la rivière. Les galets qui couvrent ses abords n'ont rien à envier pour leur quantité innombrable à ceux de la mer, aussi nous fallut-il plus de dix minutes pour traverser au pas la plage que pendant l'été l'Allier ne manque jamais de laisser à découvert.

Parvenus au Bac, nous hêlâmes les pontonniers qui sortant d'une hutte de terre et de bois, digne d'un Mohican, s'empressèrent de venir à nous avec leur large bateau plat où chaque voiture ayant été successivement embarquée, fut transbordée en quelques minutes sur la rive opposée à l'aide d'une corde fortement tendue qui sert à la fois de guide et de point d'appui. Ce ne fut pas sans force exclamations de crainte que les dames qui se trouvaient dans la première voiture se hasardèrent à se servir de ce moyen de transport qu'elles trouvaient par trop primitif. Il fallut employer tous les trésors de notre réthorique pour les décider à se confier ainsi au perfide élément. Mais une fois celles-ci passées, les autres dames comme les moutons de Panurge traversèrent gaiement la rivière, pendant que nous leur chantions en chœur cette strophe du Christophe Colomb de Félicien David :

« Hardi Colomb ! toi qui conduit par ton génie,
  « Quittas les champs de la patrie,
  « Nous te consacrons notre vie.....

Ce petit épisode nautique dans lequel chacun avait payé de sa personne fournit à un de nos compagnons de route capitaine au long cours, l'occasion de nous parler de ses aventureux voyage, l'Inde, la Chine, l'Océanie, les Antilles, la rivière des Amazones, rien ne fut oublié, nous menacions de tomber en pleine cataracte du Niagara, lorsqu'après avoir suivi pendant quelques temps un chemin sablonneux le long de l'Allier, nous entrâmes dans le village d'Hauterive, à l'extrémité duquel se trouvent les deux sources d'eaux minérales.

La principale de ces sources, dont on obtient en grande quantité du bi-carbonate de soude, au moyen d'un appareil très-simple, est enfermée dans un bâtiment entouré d'une plantation de mûriers. L'autre source qui ne fonctionnait pas en ce moment se trouve dans la cour à découvert, à quelques pas en avant de ce bâtiment. Elles appartiennent à M. Brosson dont les employés s'empressèrent de nous faire déguster cette eau qui est froide, gazeuse et acidulée à peu près comme celle de la fontaine des Célestins. De plus elle est ferrugineuse, nous parlerons ailleurs de ses propriétés médicales.

BUSSET.

D'Hauterive à Busset 1 heure 1/2.

De Busset à Vichy 2 heures.

Après nous être amplement désaltérés il ne nous restait plus qu'à revenir sur nos pas et à repasser le Bac, ce qui fut fait assez rapidement. Nous reprîmes ensuite à Abret la route de Nîmes qui n'offre rien de remarquable jusqu'au petit hameau de Saint-Yon, où nous nous engageâmes dans le chemin de Busset, qui se trouve indiqué par une croix en bois noir. C'était une rude besogne pour nos pauvres chevaux que de gravir ce chemin aux détours subits et rapides, dont les bords plongent à pic de temps en temps sur des ravins d'une profondeur effrayante. Il rappelle assez bien les pittoresques sentiers de mulets que les touristes se souviennent d'avoir parcouru dans les hautes Alpes ou dans l'Oberland Bernois près d'Interlacken. Mais le paysage qui se déroule devant vous, est si beau et si varié que l'on a bientôt oublié les fatigues peu périlleuses du reste de cette ascension, pour jouir de ce beau coup d'œil avant d'entrer dans le village de Busset. Lorsque l'on arrive au but du voyage on regrette de ne pas rencontrer un petit plateau, si petit qu'il soit, d'où l'on puisse admirer à son aise le spectacle ravissant qu'offrent les immenses contrées que l'on découvre.

A droite sont les plaines du Bourbonnais qui s'étendent à l'infini, tandis qu'à gauche les diverses chaînes des montagnes du Forez se développent sur une série de plans divers qui se perdent dans l'horizon. Au bas, l'Allier grossi depuis Ris, des eaux de la Dore, brille dans ses gracieux contours, comme un gigantesque serpent argenté, dont les humides anneaux semblent doucement étreindre les petits ilots qu'il rencontre dans sa course vagabonde. Notre capitaine au long cours qui se piquait d'être facétieux, le comparait au fameux serpent de mer dont le Constitutionnel ne manque pas de régaler annuellement ses trop crédules abonnés. La vue de face agréablement récréée par le joli pont de Ris, le château gothique de Maumont et la Limagne toute entière, ne s'arrête plus qu'à la cathédrale de Clermont, au Puy de Dôme, et aux Monts Dores, dont les formes colossales semblent audacieusement escalader les nues. C'est un des points de vue les plus remarquables que nous connaissions, et qui à notre avis doit être préféré à celui de la côte St-Amand. Il est bien entendu cependant que notre enthousiasme ne va pas jusqu'à le comparer aux trois premiers points de vue de l'Europe, qui sont Naples, Constantinople, et le lac de Genève, en faveur desquels nous faisons toutes réserves.

Lorsque nous nous fûmes suffisamment reposés, nous nous rendîmes au château, qui en bon seigneur suzerain qu'il était, domine le village de Busset, et tout le pays environnant à une grande distance. A l'étendue imposante du beau parc qui entoure ses construction ceintes de créneaux et flanquées de tours, dont l'une d'elles appelée tour de Riom, dépasse de beaucoup les autres, vous prendriez cet édifice féodal, pour un vieux château du moyen âge. Il ressemble à ces redoutables repaires des Burgraves que l'on rencontre si fréquemment sur les bords du Rhin, quand depuis Mayence, après avoir laissé à droite les cent étages de vignobles du Johannisberg, on s'engage dans cette gorge si pittoresque et si imposante où l'on trouve Stolzenfels, Caub, Reinstein et cette foule de monuments gothiques qui conduisent à Coblentz. Mais en approchant d'avantage ce caractère historique disparaît un peu, le château devient moins terrible et prend un aspect plus débonnaire, si ce n'est cependant à l'entrée, dont la voûte est toujours sombre et mystérieuse.

Une très belle grille moderne sert de clôture à la cour, au fond de laquelle on aperçoit le château à la façade élevée de deux étages, séparée du rez-de-chaussée par un élégant balcon orné de sculptures légères, de ce côté le château présente cinq fenêtres. A droite se trouve une tour gothique dans le style du XIVe siècle, tandis qu'à gauche en retour d'équerre, est une élégante chapelle bâtie récemment dans le même style. L'intérieur du château qui, dit-on, n'a rien de remarquable au point de vue de l'art, possède plusieurs pièces meublées depuis peu dans le style Louis XV, nous ne jugeâmes donc pas à propos de faire une démarche auprès des propriétaires actuels pour le visiter.

Ce château qui dès le XIV⁰ siècle appartenait à la puissante maison de Vichy, passa successivement à la famille d'Allègre, puis à celle de Bourbon-Busset, dont un des membres, Pierre de Bourbon, épousa Marguerite d'Allègre. Cette branche de la maison de Bourbon qui ne fut jamais admise à aucun partage de biens avec l'ancienne famille Royale, eut pour auteur Louis de Bourbon, fils de Charles Ier duc de Bourbon, et d'Agnès de Bourgogne, qui bien que nommé évêque de Liège, n'en épousa pas moins une veuve du duc de Gueldres.

Ce ne fut qu'après un grand nombre d'années et des difficultés de tous genres que ce mariage très peu régulier dans la forme, fut enfin déclaré légitime par lettres patentes du roi Louis XIII enregistrées au parlement en 1618, sur la demande de Philippe de Busset. Par suite de l'effet rétroactif donné à ce mariage, tous les descendants de Louis de Bourbon, purent se dire vrais et légitimes héritiers de la maison Royale de Bourbon, mais seulement *in partibus*, puis qu'ils n'heritèrent réellement que du nom sans la chose.

Depuis cette époque il ont toujours été qualifiés du titre de cousins du roi, titre qui leur fut de nouveau confirmé par Louis XIV en 1661. Sans nous étendre plus au long sur la généalogie des anciens seigneurs de Busset dont plusieurs se distinguèrent dans la carrière militaire, qu'il nous suffise de dire que MM. de Bourbon-Busset propriétaires actuels du beau château que nous avions devant les yeux, sont les enfants jumeaux de François Joseph comte de Bourbon-Busset né en 1782, ancien maréchal de camp depuis 1815, et de Mme de Gontaut Biron.

Ils sont honorés à juste titre, leur nom est révéré et béni par tous les habitants nécessiteux du pays qui trouvent en eux, secours, bonté et protection paternelle

Après avoir vu et revu le château sous ses différentes faces, nous songeâmes au départ pour Vichy que nous regagnâmes en moins de deux heures.

RANDAN.

RANDAN.

De Vichy à Randan 2 heures.

Randan !! Voilà certes la promenade indispensable, obligée de tout buveur d'eau de Vichy qui se respecte. Ne dites pas que vous êtes allé à Vichy, si vous n'avez pas visité Randan, car on vous rirait au nez, ou ce qui serait pis encore, on vous prendrait pour un cretin. Aussi dès le matin de ce bienheureux jour, la physionomie de Vichy est plus agitée, on se hâte d'avaler ses verres d'eau, les buveurs marchent d'un air affairé, car ce jour là, il ont un projet fixe, ce qui ne leur arrive pas toujours. De leur côté, calèches, tilburys, cabriolets, omnibus et jusqu'aux fantastiques dos à dos Bourbonnais étalent leurs plus séduisantes parures. Des chevaux qui par leur âge vénérable pourraient entrer dans la garde mobile.... à cheval, se donnent des allures pimpantes et juvéniles. Les cochers eux-mêmes ont l'air endimanché, lorsqu'ils viennent devant les hôtels, offrir leurs services que l'on fera bien de marchander. Nous ne saurions trop conseiller de partir, surtout pendant les fortes chaleurs à neuf heures du matin au plus tard, de manière à arriver pour déjeûner à Randan. Cette précaution que l'on ne peut pas appeler comme celle du Barbier de Séville, la précaution inutile, coûte le plus souvent, quand on ne l'observe pas, un violent mal de tête.

Le chemin pour aller à Randan n'a rien de bien agréable. Après avoir traversé l'Allier, on prend à gauche une route montueuse et couverte, où l'on courrai grand risque de s'ennuyer, si l'on ne voyageait pas en nombreuse compagnie. Mais plus on avance, plus la route devient belle, des poteaux indicateurs placés aux croisières annoncent que l'on approche de Randan où l'on arrive après deux heures de marche.

Le village bien percé et bien bâti a un certain air d'aisance et de confortable, qu'il était bien loin d'avoir il y a vingt ans. La première chose qui fixe l'attention est l'église dont le clocher en forme de tour carrée surmontée d'une galerie à jour très-légèrement exécutée, est d'un joli effet. Au dessus de la porte d'entrée qui est de forme ogivale, est une inscription en lettres gothiques qui rappelle que cette église a été restaurée et agrandie par les soins de madame Adélaïde, il y a quelques années. L'intérieur n'offre rien de remarquable, il est orné (si toutefois on peut se servir d'une pareille expression,) de mauvaises lithochromies indignes de l'église et de leur destination. Quant au tableau de sainteté placé sur l'autel à droite, c'est une mauvaise croûte, qui déshonorerait la boutique en plein vent d'un marchand de bric à brac.

L'emplacement du nouveau château vers lequel nous nous acheminions, dépendait primitivement d'un ancien monastère fondé par des religieux Bénédictins, vers l'année 540, du vivant même de Saint-Bruno. D'après Grégoire de Tours, cet établissement religieux jouissait dès 570 d'une grande réputation de vertu, si l'on en croit la tradition suivante de ce célèbre historien rapportée par M. Lecoq :

« Un jeune homme (dit-il,) étant arrivé
« au monastère, se présenta à l'abbé pour
« se dévouer au service de Dieu. L'abbé
« s'y opposa par beaucoup de raisonne-
« ments, lui disant que le service de cet
« endroit était dur, et qu'il ne pourrait

« jamais accomplir tout ce qui lui serait
« ordonné. Il promit, avec l'aide de Dieu,
« de tout accomplir ; en sorte que l'abbé
« le reçut. Peu de jours après, lorsqu'il
« s'était déjà fait remarquer de tous par
« son humilité et sa sainteté, il arriva
« que les moines, sortant les grains de
« leur grenier, en mirent sécher au soleil
« près de cent cinquante boisseaux qu'ils
« lui donnèrent à garder ; et tandis que
« les autres s'occupaient ailleurs, il de-
« meurait à la garde du grain.

« Tout-à-coup le ciel se couvrit de
« nuages, et voilà qu'une forte pluie ac-
« compagnée du bruit des vents, s'appro-
« chait rapidement du monceau de grains ;
« ce que voyant le moine, il ne savait
« que déterminer ni que faire, pensant
« que s'il appelait les autres, il y avait
« tant de grains qu'ils ne suffiraient pas
« à les rentrer à eux tous dans le grenier.
« Renonçant donc à tout autre soin, il se
« mit en oraison, priant Dieu qu'il ne

« descendît pas une goutte de cette pluie
« sur le froment, et tandis qu'il priait
« prosterné à terre, les nuages s'ouvri-
« rent, et la pluie tomba en abondance
« autour du monceau, sans mouiller,
« s'il est permis de le dire, un seul grain
« de froment.

« Les autres moines et l'abbé s'etant
« réunis pour venir promptement ramas-
« ser le grain, furent témoins de ce mi-
« racle, et cherchant le gardien, l'aper-
« çurent de loin, prosterné sur le sable,
« occupé à prier ; ce que voyant l'abbé, il se
« prosterna derrière lui, et la pluie pas-
« sée, l'oraison finie, il l'appela et lui dit
« de se lever ; puis l'ayant fait prendre,
« voulût qu'il fut battu de verges, disant :
« Il te convient, mon fils, de croître
« humblement en crainte et service de
« Dieu, non de te glorifier par des prodi-
« ges et des miracles » ; et ordonna que,
« renfermé sept jours en sa cellule, il y
« jeûnât comme un coupable, afin d'em-

« pêcher que ceci n'engendrât en lui une
« vaine gloire ou quelque autre obstacle
« à la vertu. » C'est probablement sur les ruines de ce monastère que fut bâti l'ancien château, dont les dernières traces subsistèrent jusqu'en 1822. A l'extinction de la maison des Seigneurs de Randan, cette terre passa dans la famille des Polignac qui la possédèrent pendant fort longtemps. Mais en 1518 elle entra dans la maison des Larochefoucauld, dont François, prince de Marcillac l'un de ses membres, épousa Anne de Polignac, veuve de comte de Sancerre tué à la bataille de Marignan.

Ce fut, dit la chronique scandaleuse du temps, cette noble dame qui accueillit les hommages du chevalier Bayard, qu'elle eut la gloire de retenir ainsi quelques temps dans son château. Une écharpe flottant à l'une des tours servait de signal à l'heureux amant qui venait passer la nuit près de la belle châtelaine, qu'il fallait à son grand regret quitter avant le jour. Après avoir été possédée successivement par madame la duchesse de Larochefoucauld, gouvernante de Louis XIV, qui la fit ériger en duché ; cette terre devint en dernier lieu la propriété du duc de Choiseul qui en vendit la majeure partie en 1821 à madame Adelaïde d'Orléans, sœur de l'ancien roi Louis-Philippe, dans la succession de laquelle, le duc de Montpensier l'un de ses neveux l'a recueillie. Depuis la révolution de février cette terre est administrée par un commissaire spécial.

Après une promenade de dix minutes dans une allée spacieuse garnie d'une double bordure d'orangers, de lauriers et de fleurs de toutes espèces, on arrive à la porte d'entrée de la cour d'honneur qui est close par une magnifique grille richement dorée. A chaque extrémité se trouvent deux colonnes sur lesquelles reposent deux beaux lions qui semblent défendre les abords du château dont on aperçoit alors la façade. Il se compose d'un principal corps de logis, auquel on a relié successivement deux tourelles rondes et deux pavillons carrés. Au milieu on remarque une très-belle horloge au splendide cadran. Les briques rouges de ses murailles et ses toits ardoisés sur lesquels s'étalent pompeusement d'immenses cheminées donnent à ce château un certain cachet d'originalité. Seulement il est fâcheux que la construction récente nécessitée par l'établissement des calorifères, que l'on a adossée à la façade, ait écrasé et masqué l'ensemble de cet édifice auquel elle a enlevé une partie de son caractère.

Après avoir traversé le vestibule on entre dans la salon d'attente qui est très-simple, et où se trouvaient étalés à l'envie des plâtres artistiques, quelques armes et des oiseaux exotiques. Les armoires vitrées renferment beaucoup d'objets curieux rapportés du Brésil et des Canaries par le prince de Joinville. Ici sont des curiosités de l'Inde rapportées et données par lord Bentinck, l'un des derniers gouverneurs des possessions Anglaises, là, ce sont des objets de fantaisie, présents de Reschild Pacha, et chose plus extraordinaire de riches babouches turques données en 1838 par Abd-el-Kader. En voilà plus qu'il n'en fallait pour faire prendre patience aux visiteurs que recevait Mme Adélaïde, et les princes ses neveux, qui venaient quelquefois à Randan.

En allant à l'oratoire de Mme Adélaïde, d'où la vue se repose agréablement sur les massifs verdoyants du Parc, nous remarquâmes deux petits bouquets de fleurs à l'aquarelle, dont l'un est signé par la princesse Marie, et l'autre par la reine des Belges. De là, on nous introduisit dans le grand salon de famille, où s'étalaient encore naguère dans leurs riches bordures dorées les portraits historiques de tous les membres de l'ancienne famille royale. Mais à notre grand regret, on en avait enlevé par mesure de précaution, toutes les toiles qui avaient été roulées avec plus de zèle que d'adresse, car contrairement aux règles de l'art, les parties peintes étaient, nous dit-on, roulées en dedans. Maladroits!

Le salon qui est à la suite, sert à la fois de bibliothèque et de billard, l'ameublement est extrèmement simple, en nous rendant à la chambre dite du roi, nous vîmes le portrait de ce bon M. Fontaine, son ancien architecte. Nous entrâmes ensuite sur la terrasse qui conduit à la chapelle; la vue de ce point est vraiment magnifique. D'un côté on découvre à perte de vue l'immense plaine, à l'extrémité de laquelle se trouve la petite ville de Thiers, couronnée par les montagnes du Forez qui se perdent à l'horizon, tandis que de l'autre côté, on aperçoit la fertile Limagne dominée par les chaînes élevées du Puy-de-Dôme et des monts Dores que l'on distingue parfaitement.

Ce fut avec regret qu'il fallut nous arracher aux splendeurs de ce spectacle de la nature que nous ne pouvions nous lasser d'admirer, pour entrer dans la chapelle qui est à l'extrémité de la terrasse. Elle est toute moderne et d'une simplicité de bon goût. Les trois Vertus Théologales apparaissent sur ses murs en stuc; des deux tableaux que l'on voit dans les petites chapelles latérales de la tribune réservée, l'un est une jolie copie d'après Raphaël, et l'autre qui représente le martyre de sainte Dorothée est très-curieux, car il a été inspiré par Mme de Genlis, qui figure dans ce tableau en compagnie des ducs de Beaujolais, de Montpensier et de Chartres qui fut depuis Louis-Philippe. Le groupe de la Vierge entourée d'anges, est une agréable composition, dûe au pinceau d'un artiste de Clermont.

On nous fit ensuite descendre par un petit escalier au rez-de-chaussée, où se trouvent d'abord quelques pièces destinées aux gens de service, puis une immense enfilade de cuisines garnies et armées de toutes pièces. Ce vaste arsenal culinaire où le brillant du cuivre le dispute à celui de la rosette, est digne d'enfanter des festins homériques. Les nombreux offciers de bouche qui devaient fonctionner dans ces brûlants ateliers de la gastronomie, nous rappelèrent *Pain perdu, Porc au son, gros Boyau, Grattelardon, Pillemortier, et autres nobles cuysiniers saulpicquets, joyeux compaynons qui pourtayent en leurs armoyries, en champ de gueulle, Lardoire de sinople, fessée d'ung chevron argenté penchant à gauche, et qui au dire de Rabelais furent enrégimentés par frère Jean pour combattre les andouilles.*

Nous sortimes enfin de cette longue galerie de cuisines pour entrer dans la pièce qui autrefois servait de salle à manger, mais qui maintenant est devenue un élégant salon dont l'ameublement en satin cerise est fort beau. L'aspect de cette pièce que l'on nous avait beaucoup vantée, a quelque chose de lourd et d'écrasé, car le plafond en forme de voûte est trop bas, et manque par conséquent de perspective. Du reste ces défauts inhérents à l'ancienne construction sont amplement rachetés par le luxe d'ornementation. Les murs sont entièrement revêtus de beaux stucs, et le plafond est égayé par des peintures représentant des oiseaux et des fruits entremêlés d'amours et d'arabesques qui ne sont pas sans mérite. Par une ingénieuse disposition, les glaces tout en répétant à l'infini les lustres et les girandoles, reflètent encore le délicieux paysage que l'on aperçoit depuis la terrasse. Vous diriez un de ces mirages trompeurs dont sont souvent victimes les hardis voyageurs qui parcourent les brûlants déserts de l'Arabie, ou les plaines humides de l'Océan Indien, mais plus heureux qu'eux, à côté de l'illusion vous avez la réalité !

Le salon communique à la nouvelle salle à manger qui profondément encavée ne reçoit de jour que par le plafond, on se croirait dans la première chambre d'un de ces beaux paquebots américains, avec lesquelles elle a encore une autre ressemblance, car comme elles, cette salle à manger est revêtue de boiseries. Le grand lustre qui est au milieu de la pièce, est en cuivre, il a tellement le cachet hébraïque; qu'on le croirait emprunté au temple juif de Francfort, ou à quelqu'autre riche synagogue d'Allemagne. Aurait-on voulu par hasard y célébrer la Pâque en famille.

Nous allâmes ensuite faire un tour dans le Parc qui est bien accidenté, ce n'est pas sans peine qu'on a pu y conduire l'eau. La vigueur de la végétation des arbres et le vert tendre des pelouses charment tour à tour les yeux de la manière la plus agréable et la plus variée. En passant vers les écuries qui sont tristes et abandonnées comme le château, nous vîmes deux beaux chevaux qui n'avaient pas encore été vendus comme les autres. Ils avaient l'air aussi morne que le cheval du Cid aux funérailles de son maître. La douleur du noble animal, au dire du Romancero espagnol, était si grande qu'il ne disait mot !

Il existe à Randan bien des personnes dont la douleur n'est pas moindre, et on ne saurait en vérité leur en vouloir, car elles avaient trouvé dans Mme Adélaïde une protectrice éclairée qui avait fait de leur pauvre pays de chaume et de boue, le joli village que nous venions de visiter. Du reste la reconnaissance est dans le siècle où nous vivons, une vertu trop rare pour qu'elle puisse porter ombrage à aucun parti, eût-elle des princes pour objet.

MAUMONT

OU LE

RENDEZ-VOUS DE CHASSE.

De Randan à Maumont, 3/4 d'heure.

De Maumont à Vichy, 1 h. 1/2.

Notre visite à Randan étant terminée, nous dirigeâmes notre course vers le château de Maumont, dépendance de Randan, auquel on arrive par un joli chemin à travers des prairies et des bois dont la pente douce, n'est pas un des moindres agréments Après avoir dévié un instant à droite, on arrive par une allée sablée devant une véritable miniature de château gothique, qui n'est autre que le délicieux pastiche moyen-âge que madame Adélaïde fit construire il y a quelques années à peine. Il a été élevé sur l'emplacement occupé jadis par une ancienne commanderie des Templiers, dont on a conservé religieusement dans un coin de la cour, l'ancienne porte au-dessus de laquelle figurent les armoiries en relief de cet ordre.

Rien n'y manque pour que l'illusion soit complète : Tourelles, donjons, crénaux, tout y est, et lorsque vous entrez dans la grande salle ornée et revêtue en entier de chêne sculpté, de sièges gothiques, de bahuts et de dressoirs, il semble que quelque gracieuse châtelaine suivie de ses pages va venir vous faire les honneurs du lieu. Nous parcourûmes encore deux ou trois pièces moins importantes mais toutes entièrement revêtues de chêne, puis nous montâmes par un charmant petit escalier sur la terrasse principale du château qui forme un observatoire circulaire, et de là sur le donjon.

C'est de ce point que l'on peut réellement admirer la situation pittoresque de ce petit manoir, d'où la vue plonge à pic sur un étang bordé par les arbres de la forêt dont quelques branches semblent se baigner dans ses eaux tranquilles. Devant vous sont les bords gracieux de l'Allier encadrés par les montagnes du Forez ; en face, un peu sur la droite on aperçoit perché comme un nid d'aigle, le beau château de Busset, dont les tours se découpent vigoureusement en silhouette sur l'horizon. Le point de vue est ici, moins étendu qu'à Randan, mais aussi il a l'avantage d'être plus rapproché de la vallée de l'Allier que l'on traverse au village de Ris, sur un pont suspendu, ouvrage d'infiniment de goût de M. Adolphe Boulland, ingénieur civil. Il est en parfaite harmonie de style, avec le petit château de Maumont, pour la desserte duquel il semble avoir été construit en 1845.

En descendant dans la cour principale, nos yeux s'arrêtèrent sur une curieuse porte d'entrée de la façade nord, qui a été apportée de Clermont. Elle est décorée de colonnes et porte sur son fronton, cette inscription latine en lettres Romaines :

D. O. M. GUIL. DUPRAT, EPS. CLAROMON, HAS ÆDES, CHRIST, PAUPERIBUS, ADINDAMENT. CONSTRUENDAS, TESTAM, CAVIT, SCABIN, PROCUR. M. D. LXVI.

Sur l'écusson sculpté au-dessus de cette porte se trouve en légende cette devise passablement épicurienne : *Benè vivere et lœtari*. D'un côté on voit en relief une Renommée, et de l'autre une femme allaitant des enfants. Le centre de cet écusson représente trois pensées séparées par une barre, ce qui en termes de Blason signifie: Symbole d'amour envers Dieu, et de charité envers le prochain. Un membre de la société pour la conservation des monuments historiques de France, nous assura que ce portail amené de Clermont devait former une des portes d'entrée de l'Hôtel-Dieu de cette ville.

Maumont a été surnommé le Rendez-vous-de-chasse, parce que c'était là que le prince de Joinville et le duc de Montpensier se réunissaient pour chasser, lorsqu'ils venaient dans la belle saison à Randan, passer quelques jours auprès de madame Adélaïde. Ce fut pour être agréable à ses neveux qu'elle fit élever ce château de plaisance dont l'extérieur couleur de rose, a quelque chose de juvénile, qui contraste singulièrement avec le vieux style de son architecture gothique. On dirait d'une de ces vieilles coquettes incorrigibles, qui dans leur fureur de plaire, conservent invariablement depuis soixante ans la fraîcheur de leur teint à grand renfort de fard et de crême du sérail.

Un quart d'heure après avoir quitté Maumont, nous traversâmes l'Allier sur le joli pont de Ris dont nous avons parlé, et nous rentrâmes à Vichy par la route de Nîmes, qui par ses montueuses sinuosités en avant du village d'Abret rappelle un peu les routes Alpestres.

EFFIAT.

Le château d'Effiat.

De Vichy à Effiat, 2 heures.

Les souvenirs historiques que l'on est sûr de rencontrer au château d'Effiat, nous faisaient désirer vivement le jour où nous pourrions aller le visiter. Aussi ce fut enflammés d'une noble ardeur artistique que nous partîmes de Vichy après déjeûner, malgré l'ardeur du soleil digne en ce moment du ciel du Tropique. Après avoir traversé l'interminable pont de l'Allier et le pauvre village de Vaisse qui semble regarder Vichy, d'un œil d'envie, nous entrâmes dans les bois dont la végétation véritablement luxuriante nous étonna, car elle pourrait faire envie à quelque forêt vierge du Nouveau-Monde.

A l'aménagement des coupes, à la coquetterie des chemins dont les nombreuses croisières sont ornées de poteaux indicateurs verts à bordures et à lettres dorées, nous reconnûmes sans peine que nous étions sur les anciennes possessions princières qui dépendent de Randan. Enfin après une course d'une heure et demie à travers des forêts entremêlées de clairières, nous atteignons la limite des bois, d'où l'on découvre tout-à-coup, comme par enchantement la riche et fertile contrée de la Limagne, verdoyante oasis jetée entre les montagnes du Forez, et celles d'Auvergne, et qui est couronnée par le Puy-de-Dôme et la chaîne des monts Dores.

Un peu à gauche au milieu de massifs de

grands arbres on aperçoit de vastes bâtiments aux toitures rapides couvertes d'ardoises, luisant lugubrement au soleil comme la sombre et gigantesque armure de quelque preux chevalier. C'est le château d'Effiat, auquel nous arrivâmes en une demi-heure de marche, par un chemin passablement caillouteux, laissant sur notre droite les ruines d'un antique manoir nommé Denones.

Bien que le château d'Effiat devant lequel nous nous trouvions existât déjà au milieu du 16° siècle, il ne dut cependant la réputation dont il jouit qu'au célèbre Antoine Coiffier, dit Ruzé, marquis d'Effiat, de Chilly et de Lonjumeau, maréchal de France. En 1613, il prit le nom et les armes de son grand oncle Martin Ruzé, seigneur de Beaulieu, Chilly et Lonjumeau, grand trésorier des ordres du Roi, qui l'avait institué son héritier à cette condition. Pourvu successivement de la charge de premier écuyer de la grande écurie, et de diverses autres places importantes, il dut à son talent, d'être envoyé en 1619 en ambassade extraordinaire en Angleterre pour y traiter du mariage d'Henriette de France, sœur du roi Louis XIII.

Richelieu qui se connaissait en hommes, le fit nommer en récompense de ses services à la place de surintendant des finances, dans laquelle il déploya toutes les ressources de son esprit subtil et rusé. Enfin le 1er janvier 1631, il fut créé maréchal de France et sénéchal du Bourbonnais et de l'Auvergne, en échange des brillants services qu'il venait de rendre en Piémont, où il s'était vaillamment conduit comme lieutenant-général aux combats de Veillane et de Carignan, et à la prise de Saluces.

L'année suivante, le roi l'ayant chargé du commandement de l'armée qu'il envoyait en Alsace au secours de l'archevêque de Trèves, il mourut à Luzenstein le 27 juillet 1632, à l'âge de 51 ans, après quatre jours de maladie seulement. Son corps transporté à Effiat, repose dans l'église voisine du château, à côté de celui de son petit-fils le marquis d'Effiat, mort à Paris le 9 juin 1719, dont il sera question plus loin. Ils sont placés l'un et l'autre à droite en avant du chœur, ainsi que l'atteste une simple inscription sur pierre noire scellée dans le mur de l'église.

Le maréchal était trop fin et trop souple pour n'être pas ambitieux, aussi fit-il habilement servir le crédit immense dont il jouissait près de Richelieu, à l'agrandissement de sa fortune et à l'illustration de sa maison. Non content d'avoir fait ériger en marquisat la terre d'Effiat, il acquit encore celles de Vichy et de Gannat. Il fit même créer dans cette dernière une élection particulière dépendant de la généralité de Moulins, pour laquelle quatre-vingts paroisses furent détachées du district de Riom.

Il fonda de plus un hôpital et une académie qu'il confia à des prêtres oratoriens. Puis un beau jour, l'exemple de Xerxès qui fit battre de verges la mer rebelle, lui revenant à l'esprit, il conçut lui aussi l'orgueilleux projet d'infliger un autre châtiment à l'Allier qui avait eu l'insolente idée de diriger le cours de ses flâneries vagabondes à trois lieues du château. Il voulut, en détournant son cours, le forcer à venir lui rendre hommage et à défendre ses murs comme son très humble vassal. Mais la mort, ce vieil et impitoyable symbole de l'égalité vint arrêter ses travaux gigantesques qui, pour ses descendants restèrent à l'état de projets. Il laissa trois fils et deux filles :

Le premier, Martin Coiffier, marquis d'Effiat, dont le fils Antoine Coiffier, marquis d'Effiat, premier écuyer de Monsieur, frère de Louis XIV, a été véhémentement soupçonné d'avoir participé à la mort de madame la duchesse d'Orléans, de concert avec le chevalier de Lorraine.

Le second trop connu hélas ! sous le nom de Cinq-Mars, qui fut décapité à Lyon le 12 septembre 1642, avec son ami de Thou, tous deux victimes de la haine de Richelieu.

Quant au troisième, Charles d'Effiat abbé de Saint-Sernin, Toulouse et Trois Fontaines, il s'est rendu célèbre dans la chronique galante du 17e siècle par sa liaison avec Ninon de Lenclos dont il fut un des mille adorateurs.

Des deux filles, l'une Marie Coiffier, veuve en premières noces de Gaspard d'Allègre fut mariée en secondes noces au maréchal de la Meilleraye. L'autre Charlotte Coiffier se fit religieuse et fonda le monastère de la Croix au faubourg Saint-Antoine à Paris.

Il paraît que la dynastie des d'Effiat a survécu aux orages de la première révolution, c'est du moins ce qui semblerait résulter de cette méchante opinion de Paul Louis Courier vigneron, qui à l'occasion de l'élection du collège de Chinon, s'exprimait ainsi en mars 1823 :

« Ce d'Effiat député en ma place, est
« petit fils de Rusé d'Effiat qui donna l'eau
« de chicorée à madame Henriette d'An-
« gleterre. Leur fortune vient de là, Mon-
« sieur récompense ce serviteur fidèle,
« Monsieur vivait avec le chevalier de
« Lorraine que Madame n'aimait pas, le
« ménage était troublé. D'Effiat arrangea
« tout avec l'eau de chicorée. Monsieur
« depuis ce temps eut toujours du contre-
« poison dans sa poche, et d'Effiat le lui
« fournissait, ce sont là de ces services
« que les grands n'oublient point, et qui
« élèvent une famille noble. Mon rempla-
« çant n'est point un homme à donner
« aux princes ni poison ni contrepoison,
« il ferait quelque quiproquo. C'est une
« espèce d'imbécile qui sert la messe, il
« communie le plus souvent qu'il peut. Il

« n'avait, dit-on, que 50 voix dans le
« collège électoral, ses scrutateurs ont
« fait le reste ; j'en avais 220 connues etc.,
« etc. »

Quoiqu'il en soit, la terre d'Effiat après avoir passé successivement entre les mains de Law, directeur général des Finances, puis de ses nombreux créanciers, fut vendue à M. Sampigny d'Issoncourt, dont l'une des filles, veuve de M. de Piré et épouse en secondes noces de M. d'Aubré, l'a vendue en dernier lieu à un propriétaire de Chatusin. C'est un homme très simple et fort riche, dit-on, qui doit être aussi étonné de se trouver au château d'Effiat, que l'envoyé du Doge de Venise le fut au château de Versailles le jour de sa réception.

Une avenue très large formant esplanade, bordée de fossés, et dont les allées principales sont garnies d'arbres séculaires conduit à la cour d'honneur du château, dans laquelle on entre par une porte monumentale, dont le caractère d'architecture paraît remonter à Louis XIV. Au-dessus des battants de la porte se trouve un bel écusson, parfaitement intact sur lequel sont gravées les armoiries de la maison d'Effiat qui sont : *De gueules au chevron ondé d'argent et d'azur de six pièces, accompagné de trois lionceaux d'or qui est ruzé.* Cet écusson est surmonté d'un chapiteau sur lequel repose en forme de trophée, un faisceau de drapeaux couronné par un casque antique.

Le caractère historique de cette porte nous donna presqu'à penser qu'en sonnant lacloche, quelque page en costume Bassompierre accourrait joyeusement à nous, en pourpoint et l'épée au côté. Vain espoir! personne ne répondit à notre appel. Comme la porte était entr'ouverte, nous entrâmes sans plus de façon dans la cour qui est entourée de larges fossés complètement inutiles aujourd'hui, et d'une bordure de pierres taillées à jour. L'aspect de cette cour dont les dimensions sont très vastes, est triste et monotone, au silence profond qui y régnait nous nous serions cru dans le château de la Belle au bois dormant.

En face est le château aux formes longues et anguleuses, dont le principal corps de logis escorté de divers pavillons d'époques et de physionomies différentes, forme une bizarre et disgracieuse macédoine très difficile à digérer, de tous les styles d'architecture qui se sont succédé depuis plus de deux siècles. Cependant malgré ces inconséquences de construction, auxquelles malheureusement on ne saurait pardonner à cause de leur grande jeunesse, le château avec ses toits en ardoises parsemés de puissantes cheminées en briques rouges ne manque pas d'un certain cachet.

Nous errions à l'aventure dans cette immense cour solitaire, lorsque nous avisâmes accroupie dans un coin à l'ombre, une femme entre deux âges, qu'à sa mise très simple nous prîmes pour une des personnes de service au château. Sur la demande qui lui fut adressée par l'un de nous, si l'on pouvait visiter le château, elle nous répondit que rien n'était plus facile. Elle appela une robuste paysanne qui, tout en nous conduisant à la porte d'entrée du rez-de-chaussée qui se trouve au centre de la façade, nous apprit à notre grande surprise, que la personne à laquelle nous nous étions adressés était.... devinez......la châtelaine actuelle, ô vicissitudes humaines !

Nous entrâmes dans le vestibule qui n'offre rien de remarquable, si ce n'est les armoiries de la maison d'Effiat avec la date 1620, peintes sur verres de couleurs modernes, auxquelles se marient celles de M. de Piré l'un des précédents propriétaires. Une tête de sanglier figure parmi les emblêmes de l'écusson de ce dernier, avec cette devise expressive :

Non ferit nisi feritus. A droite est une cheminée dont le vaste manteau s'appuie sur des cariatides peintes en gris ; une tête de lion qui s'ouvre béante laisse voir un canon d'où s'échappe un boulet. Cette tête a certainement quelque chose d'allégorique, car elle se retrouve peinte ou sculptée dans plusieurs autres endroits du château.

Le salon qui est à la suite mérite toute l'attention, c'est une belle pièce carrée dont le plafond soutenu par deux fortes solives reliées entre elles par de petites pièces de bois d'une grande légèreté, est enrichi de fleurs et d'arabesques peintes à l'huile dans le goût du temps. Des culs de lampes en bois doré parsemés çà et là sur le fond brun du plafond, brillent comme des étoiles par une belle nuit d'été, tandis que de belles tapisseries représentant l'histoire de Don Quichotte garnissent les murs. Comme nous ne voulons pas faire ici mal à propos de l'éloquence de commissaire-priseur, nous ne décrirons pas les divers sujets de ces tableaux passablement réjouissants et drolatiques. Nous ferons grâce aux lecteurs des exploits de Sancho et de son âne, de la couleur de son haut de chausse et de son pourpoint ; car si nous faisons un livre, nous ne procédons point à un inventaire par vacations.

Le meuble de ce salon, est certainement ce qu'il renferme de plus curieux : les fauteuils et surtout la bergère sont en style Louis XV, leurs dossiers représentent des pastorales dans le genre de Boucher et de Lancret. Tandis que leurs sièges forment une série de chasses et d'animaux, le tout est galamment encadré de guirlandes de fleurs à faire pâmer d'aise les amateurs du rococo. Les soubassements méritent aussi l'attention, ils sont ornés de peintures du temps représentant des groupes de fruits entremêlés de médaillons en grisailles. Sur la cheminée qui est ornée de sculptures et de moulures peintes blanc or et vert sur fond gris, se trouve un grand tableau bien plus moderne que le reste de l'ameublement dont le sujet allégorique représente un jeune homme et une jeune femme faisant une offrande à quelque divinité qu'ils implorent à genoux.

On pénétre actuellement du salon dans la chambre à coucher du maréchal d'Effiat, dont l'état de religieuse conservation vous reporte invinciblement à deux siècles en arrière. Ce qui frappe tout d'abord le regard, c'est le grand lit carré de l'ancien gouverneur, dont les riches tentures en velours et soie cramoisis, brodées or et argent, sont soutenues par quatre colonnes surmontées de bouquets de plumes, comme un dais. Les dossiers des grands fauteuils de la même époque sont enrichis d'écussons brodés aussi or et argent, sur des étoffes pareilles à celles du lit.

L'ornementation du plafond est la même que celle du salon, mais les magnifiques tapisseries qui ornent les parois des murs de toute leur hauteur, sont un véritable chef-d'œuvre, que M. Achille Jubinal, le savant historiographe de la tapisserie de Bayeux, ne dédaignerait pas de décrire. Elles représentent diverses espèces de chasses, et notamment celles du lièvre et du faucon, il y règne une grande animation, ce ne sont partout que chevaux, varlets, chevaliers et nobles dames chasseresses. La fraîcheur incroyable du coloris, le bel état de conservation de ces tapisseries qui sont intactes, donneraient à croire qu'elles sont faites d'hier, si la naïveté de la composition, l'absence de perspective autant que le style des costumes moyen-âge des personnages ne rappelaient une époque qui paraît remonter à l'école gothique allemande. Il est vraiment fâcheux que l'ensemble de cette chambre historique soit dépareillé par un mauvais tableau allégorique presque moderne placé sur la cheminée ; il représente une femme qui ordonne à deux hommes de fourbir des armes de guerre.

Un cabinet à la suite tendu aussi de médiocres tapisseries représentant Judith et Holopherne et le passage de la mer Rouge, est orné de vitraux coloriés modernes dont quelques uns retracent diverses scènes inspirées par les gracieux tableaux de Camille Roqueplan, ce charmant interprète de la nature heureuse. On nous conduisit de là au premier étage, dans une grande pièce qui fut autrefois la salle des Gardes. Elle est garnie d'une série de peintures représentant l'histoire du chevalier Roland. Elles sont dans un piètre état, et remontent évidemment à Louis XIV. Elles sont très probablement l'œuvre de quelque rapin de Lebrun, dont elles rappellent par leur mauvais goût, l'école ridiculement théâtrale.

La chambre à coucher qui est à la suite

est d'une harmonie parfaite, le lit, les fauteuils et toutes les tentures sont en soie verte damassée enrichis de galons dorés. On y remarquera avec plaisir un médaillon placé au-dessus de la glace de la cheminée qui représente une jeune femme passablement décoletée, deux tourterelles et un amour. Cette jolie peinture dans le goût mythologique si fort en faveur sous le grand Roi, est dans la manière de Nattier dont l'élégant pinceau métamorphosa en Divinités de la Fable tant de Princesses et de Dames de la cour.

Nous passâmes ensuite dans la chambre dite des Évêques, dont l'ensemble serait aussi irréprochable que celui de la pièce précédente, sans une mauvaise peinture du Christ, dont on a jugé à propos d'affubler la cheminée. Sauf cette disparate, cette chambre est fort belle, car le lit surmonté d'un baldaquin, est d'un très beau goût, les rideaux sont en soie rouge damassée à franges dorées, enrichis de splendides rosaces et de galons dorés. Le reste de l'ameublement est entièrement de l'époque ainsi que le plafond, les tentures, les fauteuils et le canapé sont du même style simple et riche.

La visite des chambres étant épuisée, nous descendîmes dans le jardin qui est plat, sans perspective et raide comme un soldat allemand, c'est pourtant ce que l'on appelait le jardin Français mis en si grand honneur par le célèbre Lenôtre. Pour notre part nous aimons trop le pittoresque et l'imprévu, pour ne pas donner la préférence aux allées sinueuses et aux mystérieuses surprises du jardin Anglais. Vive le jardin Anglais! voilà notre profession de foi politique au point de vue horticole. Quant au parc, nous n'en parlerons que pour mémoire, car il est passé à l'état de problème. Vous trouveriez plutôt à Effiat, un morceau de la vraie Croix, ou un débris du vaisseau de Lapeyrouse, que le moindre atôme de parc. Il reste seulement deux allées d'arbres magnifiques plantés du temps de Sully, qui ont l'air de fort s'ennuyer dans leur solitude. Leurs feuilles agitées par le vent, ont beau appeler en gémissant leurs anciens compagnons, c'est en vain. Il paraît qu'il en est des arbres comme des hommes, quand ils sont morts ils ne reviennent plus.....

Nous ne rentrâmes à Vichy qu'assez tard, non sans avoir jeté un dernier regard d'adieu à l'admirable bassin de la Limagne que le soleil couchant éclairait de ses derniers feux.

LES BORDS DU SICHON.

Les bords du Sichon.

> « Dans ces prés fleuris
> « Qu'arrose la Seine,
> « Cherchez qui vous mène
> « Mes chères brebis.

Ce que madame Deshoulières disait des prairies de la Seine, on pourrait le dire avec autant de raison des bords du Sichon, qu'il ne faut pas plus confondre avec le Lignon, que Mars avec Vénus, comme le fait très-sentencieusement observer le sergent des gardes Françaises Beausoleil, notre ancienne connaissance. Le Sichon est un joli ruisseau aux eaux vives et transparentes qui vient se jeter dans l'Allier près de Vichy, après avoir rencontré dans son cours accidenté plusieurs usines auxquelles il donne la vie.

En 1785, mesdames Adélaïde et Victoire de France, fatiguées des plaisirs de la cour de Versailles, vinrent demander aux eaux de Vichy le secours de leur vertu. Pendant leur séjour elles venaient souvent se promener le long du Sichon. Ses frais ombrages et les prairies si calmes qu'il arrose les séduisirent tellement qu'elles firent planter les deux lignes de beaux peupliers dont le double rideau borde encore aujourd'hui le chemin qui conduit de Vichy à Cusset, et que par cette raison l'on appelle l'allée de *Mesdames*. C'est par ce chemin ombragé, rafraîchi encore par le voisinage de l'eau, que l'on va en flânant se promener à Cusset tantôt à pied tantôt à âne. Le plus souvent c'est en nombreuse compagnie que l'on va visiter le Sichon, ce fut ce qui nous arriva.

Sur la proposition de plusieurs dames de notre connaissance, il fut convenu que le lendemain on irait sur les bords du Sichon et que la promenade se terminerait par un dîner sur l'herbe. Le lendemain, la bande joyeuse se mit en route et fut bientôt divisée en plusieurs groupes, car les uns cueillirent des fleurs des champs, d'autres, pêcheurs féroces, voulurent absolument s'obstiner à faire une St-Barthélemy de goujons (hélas! ils ne prirent que des ablettes). Les plus sages suivaient paisiblement le cours du ruisseau et arrivèrent tout en devisant gaîment à l'endroit fixé pour le rendez-vous du dîner, en face d'une jolie maisonnette entourée d'un petit jardin anglais dont les arbres habilement massés, formaient un agréable coup-d'œil.

Comme on devait s'y attendre, le dîner champêtre fut gai, l'agrément du site secondé par la douce influence du soleil dont les derniers rayons brillaient dans les branches des arbres avaient puissamment agi sur les esprits. C'était le moment des conversations animées et du franc-parler, les fronts étaient déridés, une joie magnétique inondait tous les visages. A voir toute la compagnie ainsi gracieusement groupée écoutant le récit de quelque aventure, vous eussiez dit une seconde page du Décaméron de Wintherhalter.

— Ah! disait avec un accent d'enthousiasme mêlé de regrets, un beau jeune homme, qu'il ferait bon passer sa vie dans cette jolie petite maison qui est là en face de nous.

— Oui, mais à condition d'y être deux, lui répondit malicieusement son voisin, une chaumière et son cœur! voila votre rêve, vous n'êtes vraiment pas difficile.

— Je trouve votre souhait tout naturel

ajouta une dame, et il serait peut-être encore plus vif, si vous connaissiez l'histoire romanesque qui s'y est dénouée il y a deux ans. Elle a défrayé pendant le reste de la saison toutes les conversations de Vichy et de Cusset, on en a même parlé jusqu'à Moulins. Je pensais que vous en aviez entendu parler.

— Pas le moins du monde ;

Et avec cet ensemble des choristes de l'Opéra qui chantent tous les soirs, marchons ! combattons ! toute la compagnie de s'écrier : Racontez-nous cette histoire, chère dame Tarin !

— Que vous serez aimable ! lui disait sa plus proche voisine.

— Nous vous embrasserons tous, disait une autre.

— Nous vous tresserons une couronne de myrthes et de roses.

— On vous portera en triomphe jusqu'à Vichy.

— Vous aurez bien mérité de la patrie !

Et mille autres propositions toutes plus folles et plus bizarres les unes que les autres, qui empêchaient madame Tarin de parler. Enfin lorsque le calme fut à peu près rétabli elle répondit avec modestie :

— Ce serait avec grand plaisir que je voudrais vous satisfaire, mais comme je ne suis pas douée d'une mémoire très fidèle, je vous lirai ce soir les lettres mêmes des principaux héros de ce petit roman, à l'amitié desquels je dois d'en posséder une copie. De cette manière rien ne sera omis, et vous pourrez juger en parfaite connaissance de cause.

Cet arrangement fut accepté avec reconnaissance, et le soir même, réunie dans un des coins du vaste salon de l'hôtel Guillermin, la compagnie écoutait avec intérêt la lecture des lettres suivantes :

UN ROMAN

SUR LES BORDS DU SICHON.

UN ROMAN

sur

LES BORDS DU SICHON.

PREMIÈRE LETTRE.

Madame Brival à son fils à Paris.

Ranzy, le 3 mai 184...

Il y a longtemps déjà mon cher Albert, que les bruyants plaisirs du carnaval sont passés à Paris comme ailleurs ; aux bals masqués, aux petits soupers qui en sont la suite, ont succédé les matinées musicales et les promenades au bois, puis viendront les parties de campagnes. Il me semble cependant que tu dois commencer à te fatiguer de ces plaisirs factices de la Capitale que l'on achète trop souvent au prix de sa bourse et de sa santé, et qui pour un homme blasé comme toi n'ont même plus l'attrait de la nouveauté, puisqu'ils reviennent périodiquement chaque année. N'es-tu pas encore las de cette vie de jeune homme, de ces conquêtes trop faciles qui peuvent bien séduire un instant ton amour propre, mais dont le souvenir laisse souvent dans le cœur d'amers regrets ?

Combien seraient plus douces pour toi, mon ami, les joies du foyer domestique et les tendres épanchements de la famille, si de retour à Ranzy auprès de moi, je te voyais heureux auprès d'une jeune femme et de tes enfants. Oh ! si tu savais, mon cher Albert, combien ta présence ici me rendrait heureuse, tu n'hésiterais pas un instant à satisfaire le plus grand désir de ta mère. Ranzy est maintenant charmant-les oiseaux égaient de leur amoureux babil ce jardin anglais que tu a dessiné toi-même et dont les arbres semblent s'être parés de leurs plus belles fleurs pour fêter ta bienvenue. J'ai fait repeindre *Héva*, ta yole au gréement si coquet que ton ami Arthur t'a ramenée de son voyage à Nantes. Ses rames nonchalamment pendantes n'attendent que ton retour pour te conduire à travers les surprises pittoresques de notre petit lac, dans l'île des cygnes, qui sont bien fiers je t'assure du joli kiosque à la flèche dorée que tu leur as fait bâtir l'année dernière. L'air embaumé par les délicieuses émanations des lilas et des mille fleurs du printemps, est si pur et si vivifiant, qu'il suffirait pour régénérer à lui seul, le tempérament le plus délabré par les fatigues et les veilles.

Eh! puis, s'il faut tout te dire, Anna ta cousine, cette fille unique de ma pauvre sœur qu'elle m'a tant recommandée à son lit de mort, Anna est débarquée au Hâvre il y a huit jours. Son père enrichi dans le commerce d'exportation, s'est enfin décidé à quitter le Mexique qui est toujours désolé par les guerres civiles. Pour ma part j'ai reçu avec joie la nouvelle de ce retour, que M. Nivond mon beau frère me faisait espérer depuis longtemps, car il me permettra peut-être de voir se réaliser le souhait de ma sœur qui a été le rêve de toute ma vie.

Je n'ai pas besoin de te dire qu'il s'agit de ton mariage avec Anna, pour qui ce projet d'union, n'est pas plus que pour toi un mystère; car vous avez été élevés tous deux dans cette idée. Il ne dépend donc que de toi d'assurer notre bonheur à tous en faisant le tien, c'est, je crois, chose facile, puisque ta cousine qui a dix-neuf ans est riche et belle, et qu'on la dit très spirituelle. En voilà j'espère plus qu'il n'en faut pour te rendre heureux, il y a bien des maris qui le sont à moins. M. Nivond m'a écrit avant hier, le long voyage sur mer qu'il vient de faire l'a un peu fatigué; mais aussitôt qu'il le pourra, il se mettra en route avec sa fille, pour venir passer ici une partie de la belle saison.

Fais donc de ton côté tes préparatifs de départ, dresse tout ton arsenal de séductions, tu seras beau, aimable et spirituel comme toujours, mon Albert, n'est-ce pas tu me le promets? la pensée seule de tant de bonheur me rend folle de joie, oh! reviens, reviens bien vîte, et alors tu pourras si tu le veux, dire comme César : je suis venu, j'ai vu, j'ai vaincu! cette comparaison vas-tu dire en souriant, est bien prétentieuse, mais il y a dans le cœur d'une mère, un trésor si inépuisable de tendresse et d'orgueil que tu me pardonneras.

Adieu, à bientôt.

P. S. Je rouvre ma lettre pour te dire

que je vais faire renouveler le papier du salon. Je suis invitée mardi prochain à la noce du petit Vachin l'avoué qui épouse mademoiselle Prudence Anastasie Trinchard. Cette timide fiancée approche de la trentaine, les mauvaises langues vont même jusqu'à dire qu'elle a déjà dépassé ce bienheureux âge divinisé par Balzac, de plus elle est bien laide comme tu le sais. Que veux-tu, une femme riche et belle est un objet de luxe digne d'un Satrape, mais quand on n'est pas riche, et qu'on a une étude à payer, il ne faut pas être trop difficile. Ce pauvre Vachin !

SECONDE LETTRE.

Albert Brival, à sa mère à Ranzy.

(Par Blois.)

Paris, le 18 mai 184...

Tu me proposes de quitter Paris en ce moment, c'est impossible, tu ignores sans doute, chère bonne mère, que le mois de mai est un des plus agréables de la Capitale. Tu me parles de fleurs, eh! mon dieu, moi qui demeure rue Tronchet, j'ai pour contenter ma passion pour elles, le marché de la Madelaine que je vois depuis ma fenêtre. Si je fais deux pas sur les boulevards, j'y suis littéralement assiégé par les marchandes de roses et de violettes, oh ! la violette, surtout cette belle violette de Parme si large et si double est tout à fait parisienne, et si jamais elle disparaissait de la terre, je parie qu'on en retrouverait encore sous l'asphalte du boulevard Italien ! quant à la verdure, nous en avons à satiété : outre les beaux ombrages des Tuileries et ses magnifiques orangers ; les Champs-Élysées, le bois de Boulogne et à vingt minutes de là, la forêt de saint-Germain l'une des plus belles de France, sont là qui nous tendent les bras.

Je ne te parle pas des femmes. Ces autres délicieuses fleurs du printemps ne veulent pas être en reste avec leurs aimables sœurs, comme elles, elles s'épanouissent radieuses et brillantes. Il semble que ces divines prêtresses de la belle nature aient revêtu dans ce bienheureux mois de mai, leurs parures les plus fraîches et les plus séduisantes pour célébrer ses louanges dans un hymme de reconnaissance et d'amour. Ou je me trompe fort, ou les plus grandes passions ont dû éclore dans la tiède atmosphère de mai. Aussi je rends hommage au tact tout diplomatique qui t'a fait choisir ce fortuné moment, pour me faire voguer, ma gentille yole aidant, dans les saintes eaux du mariage. Le mariage!! l'acte le plus solennel de la vie humaine, abîme immense, redoutable, dans lequel tout homme qui comme moi, a peut être un peu trop vécu, n'ose jeter les yeux sans hésitation et sans effroi ! ce n'est point à dire pour cela, chère mère que j'y renonce, non pas, mais je crois t'avoir déjà fait à cet égard ma profession de foi. Je suis sur ce point tout-à-fait fataliste et je ne veux devoir qu'au hasard, le nœud de cette chaîne qui sera peut-être de fleurs ou de fer.

La vivacité de mon imagination, mon esprit quelque peu aventureux et excentrique si tu le veux, s'accomodent très-peu, tu le conçois facilement de ces mariages arrangés à l'avance par les grands parents, où les femmes que l'on vous impose ainsi, jouent le rôle de ces fruits laborieusement élevés sous cloche, mais qui comme eux ont le défaut d'être fades et sans saveur. Un mariage, ne t'y trompe pas, est un acte sérieux, et non pas une comédie que l'on peut jouer *par ordre*, comme le font messieurs les comédiens ordinaires du Roi. C'est assez te dire que je me sens pris d'une antipathie instinctive pour ma cousine Anna, qui peut être du reste une excellente et très désirable personne, mais qui à mes yeux a le tort immense de m'être ainsi destinée.

Au surplus qui te dit que je plairais à cette jeune fille, que dans la bonté de ton cœur tu as pris soin de me choisir? Qui te dit, malgré ton illusion toute maternelle sur mon compte, que je ne serais pas aussi victime d'une aventure ridicule semblable à celle qui vient d'arriver à Ferdinand Princey un de mes bons amis? Figure-toi que ce pauvre garçon passablement présomptueux du reste, devait, lui aussi, épouser une de ses cousines. Il croyait dans son orgueilleuse candeur, qu'il n'avait qu'à se présenter et qu'il serait accueilli par cette petite cousine qui devrait se se croire trop heureuse de choisir un homme tel que lui pour son seigneur et maître. Mais la jeune fille justement blessée de ses façons cavalières, et de ses airs de conquérant, ne s'avise-t-elle pas de prendre son cher cousin de belle et bonne haine, et de le refuser net. Ses parents eurent beau prier et supplier, la belle indignée se montra inflexible, je l'en estime fort, et elle en épousa un autre. Je te laisse à penser les quolibets que firent tomber sur ce pauvre Ferdinand les âmes charitables de l'endroit.

Je serais désolé qu'un pareil désagrément m'arrivât, j'aime donc cent fois mieux, confiant dans la providence, laisser les évènements suivre leur cours naturel et quelquefois si singulier.

> Dieu sait bien ce qu'il fait,
> De lui tout est bien fait, etc.

Si tu ne connais pas cette romance de Loïsa Puget je te l'enverrai, elle est charmante tu te la feras chanter par Anna.

Adieu je reste à Paris, mais ne maudis pas trop ton fils qui te chérit et t'embrasse.

P. S. Je ne plains pas beaucoup Vachin, c'est un homme d'argent, cependant à mon arrivée pour les vacances à Ranzy, j'irai lui faire une visite... de condoléance.

TROISIÈME LETTRE.

Madame Brival à son fils à Paris.

Ranzy, le 10 juin 184...

Je vois avec peine, mon cher ami, que loin de suivre mon conseil, tu persistes sous je ne sais quel futil prétexte, à continuer ta vie de dissipation. Cependant tu devrais penser un peu à ton avenir, car tu as déjà plus de trente-deux ans, regarde autour de toi, tous tes amis d'enfance sont établis, toi seul tu restes isolé loin de tes parents et de tes intérêts. Ta lettre, je dois le dire, m'a vivement affectée, ce n'est pas sans douleur que l'on renonce à mon âge surtout, à la réalisation d'un projet dans lequel je voyais une source de bonheur pour tous. C'est au chagrin que tu me fais éprouver que j'attribue certainement l'état de souffrance que je ressens depuis quelques temps. Je suis très faible et j'ai beoucoup maigri, mon médecin n'est pas content de moi, il voudrait me voir secouer ma mélancolie, il me conseille vivement la distraction et beaucoup d'exercice. Enfin cédant à ses sollicitations je me suis décidée à aller aux eaux de Vichy, elles ranimeront peut-être mon appétit éteint, et les plaisirs de tous genres que l'on y trouve aideront à me sortir de mes idées noires.

Mais pour cela tu m'es indispensable, Il faut que tu viennes me rejoindre à Vichy, tu me serviras de cavalier, puisque c'est toi qui est la cause de mon mal, il faut bien que tu viennes au moins aider à le réparer. Du reste tu ne t'y ennuieras pas, des plaisirs nouveaux t'y attendent, les excursions dans les environs qui sont charmants, les bals, les concerts, tout y est dit-on réuni. Toi dont l'imagination fantasque prise si fort l'imprévu, tu feras de nouvelles connaissances. Qui sait ? tu trouveras peut-être entre une polka et une redowa de Strauss, la fille d'un Nabab des bords du Gange, ou quelque princesse Russe qui t'apportera en dot sa magnifique chevelure isabelle avec quelques milliers de serfs éparpillés sur la Newa.

Quant à ta cousine je ne t'en reparlerai plus, je connais trop ton caractère pour savoir que c'est parfaitement inutile. M. Nivond m'a écrit pour m'annoncer que l'état de sa santé ne s'améliorant pas, il va prendre les bains de mer à Trouville, où il restera un grand mois. Il se rendra ensuite à Montpellier pour revoir une de ses sœurs qu'il n'a pas vu depuis vingt ans. Il est même possible qu'il y passe l'hiver, car pour lui qui est habitué à la chaleur, la douce température du midi lui conviendra mieux que les brouillards de la Seine.

Je partirai d'ici le 25 juin, ainsi tu as tout le temps de faire tes dispositions pour arriver à Vichy en même temps que moi. Tu me trouveras à l'hôtel Montaret que l'on m'a dit être très près de l'établissement des bains; j'ai écrit hier pour y retenir un appartement pour nous. Si tu n'a pas assez d'argent passes chez M. Faure mon banquier qui t'en remettra de ma part. En attendant le plaisir de te revoir je t'embrasse tendrement.

QUATRIÈME LETTRE.

Albert Brival à M. Arthur Pontan,

Avocat à Paris.

Vichy, le **6 juillet 184...**

Me voici installé à l'hôtel Montaret dans une petite chambre voisine de celle de ma mère. Malgré tous les frais qu'elle fait pour m'amuser, elle n'y réussit guère, car je suis loin d'oublier nos petites parties fines parisiennes si gaies et si variées. Tu diras à Louise d'Auvray ma gentille baronne de la **rue Bréda**, que je vais tous les jours au bureau de poste pour savoir si elle ne m'a pas oublié. Je crains bien que ce ne soit déjà fait, et quelque Magnat hongrois ou son vilain Boyard russe ne l'aient emmenée aux eaux de Bade. Elle aurait bien voulu venir avec moi, cette pauvre chère belle, mais tu le conçois c'était impossible, elle a eu beau pleurer et gémir ça a été en vain. Cependant comme je ne perds pas encore tout espoir de la revoir bientôt, surveilles la mon bon, à charge de revanche. Prie Jenny Smith ta sentimentale Anglaise d'aller lui rendre visite, faites des promenades ensemble, emmenez-la avec vous dans votre jolie villa d'Auteuil. Enfin à vous deux occupez la, étourdissez la s'il le faut jusqu'à mon retour, je vous en prie, c'est là le grand point, car l'oisiveté chez les femmes est cent fois plus dangereuse encore que chez les hommes. Avec elle que de femmes perdues, que de jeunes filles séduites, que de..... mais je m'arrête, car il me sied peu de m'ériger en moraliste.

Quant à moi je tue le temps du mieux que je le puis, et comme me voici condamné à passer ici toute une saison, c'est-à-dire près d'un mois, je vais faire en sorte de le laisser s'écouler le plus rapidement possible. C'est dans cette louable intention que je me suis abonné au salon de l'établissement où je vais jouer au billard, faire la sieste, et lire les journaux qui sont d'une insignifiance remarquable en ce moment, ce serait à en périr d'ennui, sans le nouveau roman que publie Méry, mon auteur bien aimé ! Il y a chez lui quelque chose de plus curieux et de plus attrayant encore que ses romans, c'est sa conversation. Pendant que tant d'autres crient, pérorent, parlent et parlottent, Méry seul sait causer. Quel délicieux conteur, mon cher ami, que d'esprit, que d'imagination, que de savoir ! je veux à mon retour à à Paris te procurer l'insigne plaisir de te faire passer une soirée avec lui. Je pense qu'il ne sera pas encore reparti pour Marseille, où suivant sa pittoresque expression il va pendant l'hiver s'étaler comme un lézard au soleil.

Je prends en attendant des bains en amateur, je bois ou plutôt je goûte de l'eau de toutes les sources, je me jette à corps perdu dans toutes les parties de plaisirs, parties à pied, à cheval, en voiture, à âne, tout m'est bon. Il y a dans notre hôtel une réunion de dames assez agréables, nous avons eu mardi dernier un grand bal qui a été très joli, mais je n'y ai pas encore rencontré la fameuse princesse russe à chevelure isabelle que me faisait ironiquement espérer ma chère mère. Je l'ai trouvée un peu maigrie, cependant elle se trouve mieux, et surtout elle a l'extrême obligeance de ne pas m'ouvrir la bouche au sujet de ma cousine Anna. Il est fort heureux pour elle qu'elle n'ait pas encore entonné cet assommant refrain, prenez mon ours! car je serais reparti incontinent pour Paris.

Mais voici bien une autre histoire, car je me trouve lancé malgré moi dans un divertissement historico-pastoral dans lequel je vais remplir un des principaux rôles. Juges en plutôt et tu verras s'il n'y a pas de quoi être un peu intrigué. Hier au soir, le temps s'étant mis à la pluie, toute la société se trouvait réunie au grand complet dans le salon de l'hôtel. Tandis que les pères nobles et les gros financiers de la compagnie, comme nous les appelons en plaisantant, s'évertuaient à qui mieux mieux au Wisth et au boston, les grandes coquettes, les ingénues et les jeunes premiers parmi lesquels j'ai encore la présomption de me classer malgré mes trente-deux ans devisaient ensemble, et composaient une comédie improvisée, dont la représentation promet d'être réjouissante. Tu sais que l'hiver dernier le goût s'était répandu dans quelques salons d'élite de la capitale de représenter des scènes historiques. On imitait en cela l'Allemagne qui dans ses fêtes a souvent reproduit en action les tableaux des grands maîtres, et les dernières années de la restauration où la duchesse de Berry avait amené la mode des bals historiques, dans lesquels dames et cavaliers figuraient dans le costume qui leur avaient été assigné.

Comme chacun se récriait sur l'attrait d'un pareil divertissement dans lequel l'amour propre de chaque personnage est en jeu, une des dames de la compagnie, madame de Rampin, femme de beaucoup d'esprit se prit à dire :

—Eh ! mon Dieu, pourquoi n'essaierions-nous pas d'un semblable plaisir? qui nous en empêche, le personnel de notre troupe est assez nombreux. Ce serait je crois une véritable bonne fortune car la répétition du programme, les préparatifs de nos costumes suffiront pour nous occuper au moins trois grands jours. Qu'en dites-vous?

—Bravo ! cria l'assemblée.

—Ecoutez donc, rapprochez-vous un peu de moi, continua presque mystérieusement madame de Rampin, nous avons ici près un théâtre en plein vent tout trouvé. Ses décorations sont de la première fraîcheur, verts ombrages, prairies, ruisseaux, rien n'y manque, on y reconnaît facilement la touche du grand artiste de l'univers. C'est madame de Sévigné qui m'a mis sur la trace de ce délicieux théâtre, car elle a dit quelque part que si l'on regardait bien dans ce pays, on y trouverait encore des bergers de l'Astrée. Pourquoi ne trouverait-on pas aussi un de ces beaux jours d'été des bergères de Watteau sur les bords du Sichon? Ceci ne dépend que de nous, que vous semble de cette idée?

— Elle est excellente répondîmes-nous en sourdines, comme de véritables conjurés, il faut l'exécuter ce sera charmant.

—Eh! bien organisons une pastorale en

grand, poudre, paniers, houlettes et jusqu'aux blancs moutons il faut que rien n'y manque. Voici, sauf meilleur avis, un sujet très simple, c'est je crois celui qui conviendra, car il remplira notre triple but qui est de s'amuser, dîner et danser gaîment sur le gazon. Il s'agit d'une noce de village sous sa majesté Louis XV ; je vais, si vous le voulez bien, vous distribuer les rôles de cet impromptu dans lequel les costumes et la gaîté sont seuls de rigueur. Quant au dialogue, il n'a rien d'obligé, votre esprit en fera tous les frais, c'est assez dire qu'il ne languira pas.

Les rôles ont été immédiatement distribués qu'il te suffise de savoir que le rôle du seigneur m'est dévolu, et qu'une charmante bourguignonne mademoiselle Emma Dancourt, sera la mariée villageoise qui malgré l'anachronisme me chantera ces couplets si connus :

« Ah ! vous avez des droits superbes,
« Comme seigneur de ce canton !

Je ne saurai vraiment que lui répondre, quelque gaucherie bien niaise probablement comme en savent dire les amoureux ; car si tu la voyais mon cher ami, avec son teint de quinze ans, ses yeux bleus et sa forêt de cheveux noirs, tu ferais comme moi, tu en deviendrais fou certainement. Quand je pense que ces jolis droits qui jadis allaient si loin se réduiront pour moi, à un simple baiser bien paternel, je soupire de dépit ; mais le moyen de se fâcher je te prie, ce n'est qu'une comédie !.... quoi qu'il en soit j'attends jeudi avec impatience, trois jours c'est bien long, compte sur une narration fidèle de ton meilleur ami.

CINQUIÈME LETTRE.

———

Albert Brival à M. Arthur Pontan

A Paris.

Vichy, le 9 juillet 184... 11 heures du soir.

Tu connais le mariage de Figaro que Baumarchais a aussi appelé *la folle journée*, eh bien ! mon cher ami, celle que je viens de passer ne lui cède en rien pour la multiplicité des incidents et le charme de l'imprévu. C'est sous l'impression encore toute vivace des événements qui se sont succédé aujourd'hui que je t'écris ces lignes que je tâcherai de rendre les plus calmes possibles, malgré l'état d'agitation fébrile dans lequel je me trouve en ce moment. Je voudrais comme tout auteur qui se respecte commencer par le commencement, mais au diable les règles d'Aristote, un pareil effort m'est véritablement impossible, avec toi mon ami d'enfance, mon bon et fidèle camarade je ne pose point comme en public. Pardonne-moi donc si je commence par la fin, mais laisse-moi te dire ce secret qui m'oppresse et me brûle, eh bien! mon ami, je te l'avoue dans toute la sincérité, dans toute l'ivresse de mon cœur je suis amoureux, Marie Valnès! un ange!... Mais laisse-moi t'expliquer ce mystère qui doit te faire tout l'effet d'une charade en action dont tu ne connais pas encore la première syllabe.

L'heure du départ avait été fixée pour trois heures, mais comme tu le sais quand il s'agit de leur toilette, les dames n'ont jamais fini, il y eut bien une heure de retard. Toutes les voitures de Vichy avaient été mises en réquisition, car nous étions plus de cinquante. Notre convoi se divisa en deux parties, dont la première qui prit les devants comprenait les mariés et tout leur joyeux cortège de noces villageoises. Quant aux blancs moutons on les avait traités aussi galamment que les nobles coursiers que l'on envoie à grands frais disputer le prix aux courses d'Epsom, on les avait placés comme ces héros du Turf dans une grande voiture où leurs aimables bergères les accablaient de caresses et de friandises. Ah! les heureux moutons!

La seconde partie de la société composée du seigneur du village et de tout son brillant entourage de comtes, de pages, de comtesses et de marquises, ne se mit en marche qu'une demi-heure après. C'était je t'assure un curieux et ravissant spectacle que ce frais essaim de jolies femmes en brillant costume de Louis XV, qui le sourire sur les lèvres provoquaient les compliments de leurs élégants cavaliers.

A voir ces robes galamment décolletées, dont un bouquet de roses tentait en vain de fermer l'indiscrète enchancrure, et tous ces radieux visages rendus plus piquants encore par la blancheur de leur coiffure poudrée, tu aurais cru que les inimitables pastels de Latour, sortant de leur enveloppe de verre s'étaient ranimés pour assister à cette fête. Quant à moi ton indigne serviteur, je te dirai franchement que j'étais assez content de ma chère personne, car la poudre me sied à ravir, et mon costume était du meilleur goût ; il se composait d'une veste de velours vert, d'un gilet amaranthe et d'une culotte gorge de pigeon. Je t'assure qu'avec l'épée au côté et mon petit chapeau sur l'oreille je faisais un très-gentil marquis. C'est du moins ce qu'avait la bonté de me dire madame de Rampin, dont ce jour là j'avais l'honneur d'être le mari *in partibus*, et Dieu sait si jamais un mari peut suspecter les compliments qu'il reçoit de sa femme !

Après une demi-heure à peine de promenade sur les bords ombragés du Sichon, nous arrivons à l'endroit qui avait été choisi. Nous mettons pied à terre, et à l'instant la fête commence, des boîtes, des pétards, annoncent bruyamment notre arrivée, et tu vas voir si madame de Rampin avait bien fait les choses. Dans une prairie entourée d'arbres et légèrement accidentée, se trouvaient rangés différents groupes, comme dans les ballets que nous avons vus ensemble à l'Opéra, Au pied d'un frêne pleureur dont les branches complaisamment penchées formaient un parasol de verdure, un berger montrait à de jeunes bergères un nid d'oiseaux qu'il venait de prendre, tandisque plus loin nonchalamment couchés sur le gazon d'autres paraissaient causer tendrement.

Près du ruisseau à l'ombre des bouleaux et des peupliers, des moutons retenus par des rubans roses, étaient gardés par deux petites filles et un petit garçon qui la houlette à la main avaient pris leur rôle très au sérieux. Au fond, à gauche, sous une tente de feuillage décorée de guirlandes de fleurs se tenait le reste de la compagnie composée de pages, de bergers, de gardes françaises et d'un officier de Royal-Savoisis. Plusieurs petits abbés frisés et musqués, dignes et galants émules des Bernis et des Voisenon, semblables à ces papillons noirs qui vont savourer le parfum des plus belles fleurs voltigeaient à qui mieux mieux autour des plus jolies femmes, contant à l'une un sonnet, prenant à l'autre un baiser. Nous nagions comme tu vois en plein Pompadour, le Sichon était devenu le fleuve du Tendre, et si un peu de lait eût serpenté dans la prairie on se serait cru revenu à l'âge d'or.

Mais à peine étions nous entrés dans ce lieu enchanté, que tous ces groupes épars se réunissent, et viennent au devant de nous, au son de la musette et du tambourin. Emma Dancourt notre jolie mariée marchait en tête avec son futur (un jeune médecin qui avait bien voulu se prêter à cette cérémonie passablement bouffonne). Elle conduisait attaché par un beau ruban de satin blanc, un charmant agneau que l'on avait décoré non pas du collier de la Toison d'Or, mais d'un collier de lys emblème de son innocence. Après un petit compliment dit avec une adorable naïveté, auquel je répondis de mon mieux, toute la société musique en tête, fit le tour de cet Eldorado, et vint s'asseoir sur les bords du Sichon, dont les eaux retenues en cet endroit par de petits rochers couverts de mousses, s'échappaient en cascade pour courir à l'aventure. Quelques instants de repos précédèrent la danse qui fut inaugurée par un menuet digne et empesé comme une vieille marquise à trente-deux quartiers, auquel succédèrent bientôt les galops et les polkas qui se prolongèrent jusqu'au moment où le festin fut servi sur l'herbe.

Ici une nouvelle surprise nous attendait,

à peine avait-on commencé de manger, que dans le silence solennel qui règne toujours au premier service, des sons mélodieux frappent délicieusement nos oreilles, car Strauss en personne conduisait son orchestre; c'était une nouvelle galanterie imaginée par madame de Rampin dont l'esprit ingénieux fut porté aux nues. Ses valses dont les motifs sont si suaves et mille autres compositions gracieuses nous arrivaient portées *mezza voce* par le souffle embaumé de la brise qui se prit à fraîchir subitement. Comme le jour baissait la tente fut illuminée en verres de couleurs par enchantement, on l'eût dit touchée par la baguette d'un magicien.

Ce fut au milieu de la gaité folle du dessert, surexcitée encore par le Champagne, les rires bruyants et cette musique enchanteresse, qu'une apparition légère comme une ombre, gracieuse comme une sylphide passa devant mes yeux éblouis.

Etait-ce une réalité, était-ce une hallucination ? c'est ce dont je ne pus bien me rendre compte. Il me semblait cependant avoir vu passer au milieu des orangers et des lauriers roses en fleurs qui bordaient la terrasse d'une charmante maisonnette qui était en face de nous, une jeune fille vêtue de blanc dont la chevelure bouclée retombait gracieusement sur les épaules. J'eus beau regarder encore, ce fut en vain, mais j'étais intrigué, je devins distrait et rêveur; je recevais avec impatience les lutineries agaçantes des dames qui se trouvaient près de moi. Enfin la mariée se mit en devoir de chanter ses jolis couplets du nouveau Seigneur du village,

Ah ! vous avez des Droits superbes.

L'orchestre de Strauss qui était du complot, s'était rapproché et jouait déjà la ritournelle, lorsque de larges gouttes de pluie éteignirent notre illumination à *giorno*.

A peine avait-on eu le temps de pousser une acclamation de surprise, qu'une véritable trombe éclata, ce fut un sauve qui peut général, et toute la société se précipita instinctivement vers l'habitation qui était près de nous. Je te laisse à penser si dans cet affreux désordre les règles de la politesse furent observées, tout ce que je sais, c'est que des trois pièces qui paraissaient la composer, deux furent envahies subitement. Quant à l'autre, nous n'y pénétrâmes qu'après les formalités d'usage ; c'était un salon d'une élégante simplicité, dont les murs étaient ornés d'une véritable collection de tableaux. Près du piano se tenait un vieillard qui à notre approche se leva d'un air très étonné. Nous finissions à peine nos explications et nos excuses, lorsqu'une jeune fille charmante sortit par une porte déguisée dans la tapisserie. Mais ô joie ! ô surprise, c'était ma sylphide de la terrasse. Figures-toi que ses beaux cheveux blonds cendrés, que j'avais aperçus se déroulant sur ses épaules, encadraient la plus gentille figure du monde. Notre présence l'intimida, puis amena sur ses lèvres un sourire qui laissa voir de très jolies dents. Franchement il y avait bien de quoi, car nos costumes et le désordre de nos toilettes formaient le spectacle le plus imprévu et le plus divertissant qui se pût imaginer. Elle se disposait à se retirer, comme une colombe effarouchée, mais sur un signe de son père qui nous dit je vous présente mademoiselle Marie Valnès ma fille, elle vint s'asseoir auprès de lui.

C'est alors que je pus admirer ses beaux yeux bleus qu'elle leva sur moi d'un air timide et curieux à la fois, je ne sais en vérité pourquoi, mais elle rougit beaucoup. Il dut en être de même de moi, car ce regard si rapide qu'il fut m'avait troublé. Je sentais au battement de mon cœur à l'agitation de mes sens comme un fluide électrique qui parcourait tout mon être. Cette sensation ne fit qu'augmenter encore lorsqu'elle entama la conversation avec madame de Rampin ma voisine, car je n'ai jamais entendu de voix aussi douce, son organe est vraiment enchanteur et sa conversation une véritable mélodie musicale. J'écoutais avec ravissement, comme si j'eusse été sous l'empire d'un songe doré, j'y serais resté longtemps encore si la fin de l'orage et les cris de nos phaëtons Bourbonnais n'y eussent pas mis prosaïquement un terme.

Toute la compagnie se leva alors, se confondant en excuses et en remerciments auprès de M. Valnès pour sa bienveillante hospitalité. Pour moi je sortis un des derniers me promettant bien de revenir le plus tôt possible. Croirais-tu qu'en partant un petit bouquet de roses, de verveines et de violettes, s'est détaché de la ceinture de mademoiselle Valnès, et que j'ai eu, comment dirais-je ? l'indélicatesse, l'audace, l'enfantillage de m'en emparer. Tu vas certainement me traiter de fou, que penserais-tu donc de moi, mon cher Arthur, si je te disais que je t'écris ces lignes sous le charme de son souvenir, m'énivrant du parfum de ce bouquet qui a senti les chastes battements de son cœur ! Marie ! quel beau nom, combien il me rappelle avec bonheur ces vers d'Auguste Barbier que nous lisions ensemble :

Marie !
Nom que j'aime d'enfance avec idolatrie,
Le plus doux qui tombé des montagnes du ciel,
Sur une lèvre humaine ait répandu son miel.

Oh ! Marie pendant que sous la couronne virginale de tes blancs rideaux tu dors du sommeil de l'innocence, tu ne te doutes pas que je veille ici pour toi.

Adieu ami, à bientôt.

SIXIÈME LETTRE.

M. Albert Brival à M. Arthur Pontan

à Paris.

Vichy, le 10 juillet 184...

Pardonne-moi le décousu de cette lettre, je te l'écris par fragments, car ce sont les échos fidèles de mes impressions. Mon état empire d'heure en heure, et je vais être obligé bientôt de te donner des bulletins de ma santé, comme font les médecins lorsqu'ils donnent leurs soins à quelque illustre malade.

J'ai repris cet après-midi le chemin ombragé du Sichon, le silence qui y régnait calma l'agitation de mes sens. Cependant ce ne fut pas sans émotion que j'entrai dans le jardin qui entoure la jolie maison qu'habite Marie. J'y trouvai M. Valnès qui m'accueillit gracieusement et me fit admirer avec toute l'exigeante bonhomie d'un horticulteur fanatique ses belles variétés de pensées, ses roses, ses touffes de pétunias, et surtout chose très rare, son fameux dalhia bleu, surnommé l'incomparable qu'un Belge de ses amis vient de lui envoyer de Louvain. Mais que m'importaient toutes ces fleurs, puisque la plus belle de toutes, puisque Marie n'était pas là ? J'allais me hasarder à demander de ses nouvelles lorsque les sons du piano m'arrêtèrent. Après quelques préludes capricieux, une voix de soprano douce et perlée comme celle de la Persiani se mit à chanter la Cavatine du Barbier. Etait-ce intention, ou pur hasard, je ne sais, mais toujours est-il que jamais le chant de Rosine ne m'a paru plus doux et plus sémillant. Le morceau finissait quand à ma grande joie nous entrâmes au salon. Marie les yeux brillants le teint animé, me parut encore plus belle que la veille. La conversation qui roula sur la musique et les beaux arts me fit apprécier la pureté et la justesse de son goût, elle est artiste de cœur et de sentiment. Décidément cher ami, j'ai trouvé mon idéal, et je puis dire avec le sage de l'antiquité *Eurèka* !

Mardi 11 juillet.

Me voici au mieux avec M. Valnès, car lui aussi est amateur de tableaux et d'objets d'art. Je crois qu'il existe entre tous les esprits d'élite auxquels il est donné de comprendre les beaux arts, et les jouissances des collectionneurs, une espèce de franc-maçonnerie sympathique, dont le lien mystérieux les ferait se reconnaître et s'aimer sur tous les points du globe, fût-ce au Japon ou au Paraguay. M. Valnès appartient à cette variété intéressante de l'espèce qui aime les tableaux, il déteste l'école Française mais en revanche il adore les Flamands.

Nous avons aujourd'hui parlé peinture, tu peux juger si la conversation a langui, M. Valnès affectionne surtout Teniers, Brauwer, Kraesbecke et toute cette école de grotesques si admirable d'expression, de finesse et de coloris. Pour Marie, avec cet admirable instinct qui porte les femmes vers le gracieux, elle préfère aux casseurs de pipes, aux tavernes enfumées les compositions de Vanderverff et des deux Miéris dont les chastes nudités sont cent fois moins indécentes que les demi-nus libertins de Boucher ou de Fragonard et autres peintres de notre école Française de la fin du 18e siècle. M. Valnès ne possède qu'un seul tableau Italien, mais c'est un vrai trésor. Il représente une sainte famille de Palme le Jeune, que de calme suavité dans cette admirable page qui rappelle les plus belles qualités de couleur de l'école Vénitienne ! Marie qui partageait toute ma joie d'artiste, était en ce moment aussi belle que la divine Madone dont elle porte le nom. J'allais presque lui dire qu'elle le serait cent fois plus encore, lorsque comme elle, elle porterait entre ses bras un Bambino ; mais je me suis retenu, refoulant dans mon cœur le secret d'une pareille espérance, dont l'idée seule me fait tressaillir de bonheur ! et pourtant il faut que je parle, le temps presse, la saison des eaux tire à sa fin, je saisirai la première occasion, et ma foi à la garde de Dieu.

Jeudi........ Minuit.

Aujourd'hui M. Valnès était sorti. J'entre au salon, personne, je dirige mes pas vers le bosquet situé à l'extrémité du jardin, aspirant avec délices l'odeur énivrante des orangers en fleurs, lorsqu'au détour d'une allée j'aperçois, légère comme une Almée, Marie qui venait à moi. La charmante enfant avait eu la fantaisie de ceindre son front d'une couronne de verdure rehaussée d'un diadème de fleurs, dont les liens noués autour de sa taille de fée lui formaient une ceinture naturelle. A la voir ainsi parée, tu l'eusses prise avec sa robe blanche de gaze et ses cheveux légèrement agités par le zéphyr pour une Wilis échappée de son royaume aérien.

— Que dites-vous de mon idée, me demanda-t-elle en m'abordant.

— Elle est délicieuse, lui répondis-je.

— Mon père est absent, mais il ne tardera pas à rentrer, en l'attendant nous redirons encore notre duo de la Favorite.

— Asseyons-nous plutôt sous ce berceau de chèvrefeuilles, il fait si bon ici sur ce siège de gazon, au près de vous, et vous êtes si belle ainsi que j'ose à peine vous regarder. Vous avez un sourire adorable, lui dis-je en pressant sa main qui tremblait et qu'elle essaya timidement de retirer. Le son de votre voix est plus doux que celui des harpes d'or des Séraphins, oh! Marie je donnerais ma vie pour une heure passée à vos pieds! oui, chère Marie, il faut que je vous avoue enfin ce secret qui m'étouffe, je vous aime! Laissez-moi vous dire que tout ce qu'il y a de force et de volonté dans ce cœur qui ne bat plus que pour vous je le consacrerai à vous rendre heureuse! je vous en fais ici le serment devant Dieu!... Je devais être éloquent, car rien ne doit persuader, comme l'accent de la vérité, cependant j'attendais avec anxiété sa réponse que je cherchais en vain à lire dans ses yeux qu'elle tenait presque toujours baissés.

— M. Albert je n'ose croire, me répondit elle en rougissant, à toutes les belles choses que vous me dites. Du reste fussent-elles vraies je ne saurais les écouter, car tant de bonheur ne pourrait jamais se réaliser pour moi, vous ignorez sans doute toute la distance qui nous sépare ; mon père ancien employé du ministère de la Marine n'a pour toute fortune qu'une modeste retraite, et le peu de patrimoine que ma pauvre mère a laissé en mourant. Elevée à la maison de la Légion d'Honneur de Saint-Denis, par une faveur toute spéciale, j'y ai acquis quelques talents que je je chercherai à utiliser. Voilà toute ma dot..! ajouta-t-elle en soupirant, les larmes aux yeux.

— Vous êtes une enfant, Marie, qu'importe votre richesse, ne suis-je pas assez riche pour deux ? ma mère dont je suis l'idole et dont le plus ardent désir est de me voir marié, sera trop heureuse lorsqu'elle saura qu'elle est la fille que je veux lui donner. Mais pour lui parler de cette union, Marie, il me faut votre assentiment, je redouterais un désaveu.

J'étais là attendant mon arrêt, enfin après quelques instants d'hésitation, elle me dit d'une voix entrecoupée : ne craignez rien Albert !

— Vous m'aimez donc aussi, Marie ?

— Elle ne me répondit pas, mais l'agitation de son sein, l'éloquence de son regard me dirent assez ce que je brûlais de savoir. Ivre de joie et de bonheur je me jetai à ses genoux, couvrant de baisers sa belle main qu'elle m'abandonnait ; puis légère comme une gazelle elle s'échappa.

. . . .

J'étais encore sous l'impression de ce ravissement, lorsque la voix bien connue de M. Valnès me tira de mon rêve. Le cher brave homme, lui aussi était dans la joie, car il avait trouvé chez un marchand de Cusset un petit tableau sur bois tout poudreux, tout crasseux qu'il se disposait à nettoyer. La trouvaille en valait réellement la peine, car ce n'était ni plus ni moins qu'un Corneille Béga de la plus belle qualité.

— Combien estimez-vous ce tableau ?

— Cinq cents francs lui répondis-je.

— Et que pensez vous qu'il m'ait coûté, ajouta-t-il avec un sourire narquois ?

— Eh ! mon dieu que sais-je ? vingt francs peut-être,

— Non,

— Dix francs,

— Vous n'y êtes pas,

— Cinq francs alors,

— Moins, me dit-il d'un air triomphant, un franc cinquante !

Et que l'on dise après cela que les collectionneurs n'ont pas eux aussi leurs jouissances. Je repartis ensuite pour Vichy, le cœur inondé de bonheur, il me semblait que tout me souriait dans la nature, les arbres, les fleurs étalaient leurs plus belles parures, les oiseaux gazouillaient amoureusement dans les buissons. Oh ! mon ami, la belle, la divine chose que l'amour, il poëtise tout. J'étais aimé !

A ma mère maintenant, je tremble que la partie ne soit chaude, car elle va remettre inévitablement sur le tapis ma chère cousine Anna. C'est son *Delenda est Carthago*, mais je la prierai et supplierai tant qu'elle ne saura me résister ou j'y perdrai mon latin.

Samedi soir.

Enfin je me marie ! mon cher Arthur, tout est décidé, appelle-moi renégat, apostat, prodigue-moi les épithètes les plus outrageantes, peu m'importe. Je dis un éternel adieu à la vie de célibataire, adieu aux Lorettes, à Rose Pompon et Louise d'Auvray, adieu aux baronnes de la Boule Rouge et de la rue Neuve-Bréda ! ma mère, comme je le prévoyais bien, s'est d'abord montrée inflexible, en me disant que je n'aurais jamais d'autre femme qu'Anna, mais j'ai été si pressant et si éloquent que j'ai fini par triompher de tous ses scrupules. Enfin quand cette bonne et excellente mère m'a dit : Puisqu'elle te plaît tant, je consens à ton mariage, que la volonté de Dieu s'accomplisse. Je me suis jeté dans ses bras, et des larmes bien douces ont coulé de mes yeux............

Ma mère revient à l'instant de rendre

visite à M. Valnès, sa demande a été parfaitement accueillie, M. Valnès consent à tout. Ce cher monsieur je veux lui faire une surprise qui sera de son goût. Envoie-moi mon beau Téniers, celui qui représente des soldats jouant aux dés, je veux lui en faire hommage, ce sera mon cadeau de noces. Quant à Marie, elle a fait la conquête de ma mère, qui paraît enchantée d'elle, comment pourrait-il en être autrement, car elle est aussi aimable que belle. Ce soir elle me réserve une agréable surprise, elle veut pour la première et dernière fois aller au grand bal de l'établissement.

2 heures du matin.

Je sors du bal, qu'elle était belle avec sa couronne d'épis d'or et de bluets entremêlés capricieusement dans sa splendide chevelure. Ce n'était plus une mortelle, c'était une Déesse, on eût dit que séduite par les accords magiques de Strauss, la blonde Cérès était venue assister à cette fête. Te dépeindre tout ce que j'ai éprouvé en la revoyant ainsi parée, et combien elle était radieuse, est impossible; il y a dans l'amour de ces mystères que je ne soupçonnais pas, et que tu ne pourras bien comprendre, que lorsque comme moi tu y seras initié. Et pourtant faut-il te le dire? au milieu de ces flots d'un bonheur si nouveau pour moi, en la voyant courtisée et adulée par une myriade d'adorateurs qui venaient à l'envie saluer cette nouvelle planète, autour de laquelle, galants satellites, ils semblaient graviter ; un éclair de tristesse jalouse luisait parfois dans mon âme. Oui mon ami je ressentais les aiguillons empoisonnés de la jalousie qui déssèche et flétrit les sentiments les plus nobles, les plus vrais. Oh! ma chère adorée, si tu ne veux pas que je meure, me disais-je, ne sois pas si prodigue de ces sourires d'ange, ni de ces jolis mots que tu dis si bien. Que le souffle de ton haleine embaumée ne vienne pas allumer de nouvelles flammes......... L'amour ne serait-il donc qu'un mélange de jouissances et de peines ? ah ! mon pauvre cœur que vous être faible, mais je suis fou, je déraisonne, n'est-ce pas Arthur, que veux-tu je l'aime. A mardi mon mariage, à mardi le bonheur !

Mardi matin.

C'est aujourd'hui le grand jour ! Enfin je puis donc dire à ma mère dans l'orgueilleuse allégresse de mon cœur, cette vierge aux blonds cheveux devant qui pâliraient les plus poétiques créations d'Ossian, cette fille que tu chéris chaque jour d'avantage, car chaque jour tu découvres en elle de nouveaux trésors de gentillesse et de grâce, c'est pourtant la fiancée de mon choix ! La belle chose que le hasard ! naissance, fortune, génie, tout en ce bas monde n'en dépend-il pas ? J'admire vraiment la facilité avec laquelle ma mère a pris son parti, à son air radieux et empressé on croirait presque que c'est elle qui se marie. Qu'on vienne dire après cela que la vieillesse est chagrine et égoïste? Mais je te quitte car je n'ai que le temps de me préparer pour la cérémonie.

Jeudi 7 heures du soir.

> « Figaro tu n'es qu'une bête,
> « Et ton maître le voilà.
> (Le Barbier de Séville.)

Ne t'étonne pas de cette épigraphe, tu vas voir si c'est un hors d'œuvre. Oh! mon ami, l'étonnante, l'incroyable nouvelle! Toutes les épithètes de la fameuse lettre de madame de Sévigné sur le mariage de Mlle d'Orléans avec Lauzun, ne suffiraient pas pour te peindre un dénouement aussi singulier. Oh! les femmes, les femmes! elles sont perfides comme l'onde, Shakespeare avait bien raison de les traiter ainsi! Ecoute plutôt :

A deux heures nous nous trouvons tous réunis dans le salon de M. Valnès. Le notaire de Cusset, M. Dupont, un charmant garçon, qui a fait son stage à Paris et qui ne ressemble en rien, je te prie de le croire, à un notaire d'opéra comique, commence la lecture du contrat. Après la formule ordinaire il en vient aux nom et prénoms de ma jolie future : Mlle Suzanne-Armande-Fortunée-Léopoldine-Marie-Adélaïde (Bon! me dis-je en moi-même, c'est magnifique, elle a autant de prénoms qu'une princesse Brésilienne ou qu'une infante d'Espagne) J'avais à peine eu le temps de faire cette réflexion que le notaire continua de lire : Thérèse-Antoinette-Anna Nivond !

A ces mots je me lève interrompant M. Dupont, que signifie ce nom, monsieur ?

—C'est celui de votre future, me répond-il avec le plus grand sang froid.

—Comment ! j'épouse Mlle Valnès et non Mlle Nivond ma cousine, prenez-y garde Me Dupont, l'acte que vous lisez est sérieux et je m'étonne......

—Alors vous les épouserez toutes les deux, dit ma mère en se levant, vous me ferez bien ce plaisir mon cher Albert !

—Je n'en puis croire mes oreilles, eh quoi ! c'est une bigamie que vous osez me conseiller ma mère ?

—Non pas, dit Marie à son tour avec un charmant embarras, car Marie Valnès et Anna Nivond ne font qu'une seule et même personne.

—Quoi ! vous seriez ?

—Anna Nivond, votre très-indigne cousine, me répondit-elle en me lançant un regard pétillant de malice et de joie.

—Il se pourrait !.., mais alors, je suis donc la victime d'un complot dans lequel vous vous étiez tous ligués contre moi, ces obstacles, ces noms supposés, cette pauvreté, tout cela n'était donc qu'une mystification ?

—Que veux-tu, reprit ma mère qui me

pressait les mains en souriant, qui veut la fin veut les moyens.

— Vous avez cent fois raison, ceci est vrai surtout avec les femmes, et grâce à votre adresse je vois que ce n'est pas vous qui ferez mentir le proverbe : *ce que femme veut Dieu le veut.*

Voilà pourtant, mon cher ami, par quelle péripétie je viens de passer, tu vois combien l'épreuve a été rude, et si mon amour propre d'auteur a dû en souffrir : que me restait-il à faire? à m'exécuter en galant homme, c'est ce que je fis de la meilleure grâce du monde, en baisant la main de Marie qui me remercia avec un sourire qui eût désarmé la vengeance d'un Corse. Vous me serez doublement chère, lui dis-je, puisque dans le choix de mon cœur, ma mère retrouve l'accomplissement de ses vœux les plus chers.

Tout s'est bien passé, cérémonie, festin

et bal, un jeune poète parisien nous a même improvisé un charmant épithalame, enfin rien n'y manquait et si tu eusses été présent, la fête eût été complète.

Demain je quitte Vichy avec ma femme, pendant que ma mère et M. Nivond se rendront à Ranzy, nous irons passer notre lune de miel en Suisse. C'est au milieu des sites de ses montagnes et de ses glaciers, entre l'azur de ses lacs et de son beau ciel que je veux voir s'écouler ce gentil mois de mai de la vie conjugale. Rien n'est plus capable d'en poétiser le doux souvenir, que le spectacle si varié et si grandiose de cette belle nature, devant laquelle oubliant un instant les vanités et les misères de ce bas monde, l'âme s'élève purifiée, et exhale son admiration et son amour en un sublime chant de reconnaissance envers le Créateur.........

Voilà, dit madame Tarin, la fin de la correspondance ou plutôt du petit Roman dont je vous ai parlé.

—Quel dommage ! nous ne sommes fâchés que d'une chose, c'est que cette histoire ne soit pas plus longue, car elle nous a beaucoup intéressés, surtout parce qu'elle est vraie.

—Je puis vous dire en forme d'épilogue que les jeunes époux sont très-heureux, il paraît que leur pèlerinage en Suisse leur a porté bonheur.

—Tiens, dit en riant une jeune parisienne, cette véridique histoire finit donc comme un conte de Fée ?

—Pas tout à fait, reprit madame Tarin, vous n'y êtes pas, vous oubliez la fin obligée de tout conte de Fée qui se respecte un peu ! *et ils eurent beaucoup d'enfants.* C'est précisément là où nous ne sommes plus d'accord, M. Brival n'en a pas, car il les déteste.

—Mais c'est un original alors, et où en serait-on si tout le monde pensait comme lui ?

Cette réflexion de haute statistique sentimentale, digne des méditations de M. Charles Dupin (le baron), parut délicate, car elle fit rougir comme de jeunes ladies, quelques dames qui profitèrent de l'occasion pour se retirer. Il était temps, les parties de Wisth et de Boston étaient finies depuis longtemps déjà, l'horloge du salon marquait minuit. Minuit! heure mystérieuse, également chère aux amants et aux voleurs, mais heure trois fois indue pour des buveurs d'eau.

CUSSET.

De Vichy à Cusset 1/2 heure.

La promenade de Vichy à Cusset est chose si facile, qu'on ne s'en préoccupe pas le moins du monde. Aussi s'y rend-on de mille manières, à pied, à âne, en voiture, en riant, en fumant, en lisant, il y a de quoi contenter tous les goûts. On irait volontiers à Cusset uniquement pour avoir le plaisir de parcourir ce charmant chemin que côtoie le Sichon. Nous connaissons même certains buveurs qui sous le prétexte d'aller à Cusset, s'en vont protégés par les riants ombrages de l'allée de *Mesdames*, déguster en amateurs l'eau minérale de la fontaine Pajot, et s'avancent jusqu'aux pieds du pont, en face de la papeterie. Puis arrivés là, ils rebroussent chemin et rentrent triomphalement à Vichy, disant à qui veut les entendre, nous revenons de Cusset. Imprudents, si un naturel du pays vous eût entendus commettre une pareille énormité, il ne vous l'aurait pas pardonné; car, retenez bien ceci, touristes trop candides, le Cussétois est plus fier de sa petite ville, que le Marseillais de la Cannebière, ou qu'un Chinois de la tour de Nankin. Si l'obélisque de Luxor comme le dit spirituellement Balzac, semble ignorer qu'il est un monument, en revanche, Cusset beaucoup moins modeste, cherche à vous rappeler par tous les moyens en son pouvoir, sa grandeur déchue.

Mais cette petite ville à la tête couronnée

de verdure et de simples fleurs des bois, solitairement assise au fond de la vallée qui termine le bassin de la Limagne, et dont les pieds nus baignent dans les eaux limpides du Jolan et du Sichon, a beau regarder, d'un œil envieux, Vichy qui fut trop longtemps son humble vassale. C'est en vain, car personne ne veut prendre au sérieux ses bouderies ni ses airs de grande dame délaissée. Et pourtant voyez l'injustice, malgré son aspect monotone, et ses rues mal propres et irrégulières, à de très rares exceptions près, Cusset fut jadis une cité importante à cause de sa situation limitrophe entre l'Auvergne et le Bourbonnais. La place du Marché, l'église Saint-Saturnin affreusement badigeonnée, et la tour Notre-Dame qui sert actuellement de prison, sont encore les témoins de son antique splendeur.

Cette ville était florissante au XV° siècle, les vestiges des anciennes fortifications en sont la preuve. Ce fut dans une ancienne maison qui existe encore, que le Dauphin, depuis Louis XI, fit le 24 juillet 1440, sa soumission à Charles VII, son père, contre lequel il n'avait pas craint de se révolter. Il avait été poussé à cet acte de rebellion par les ducs de Bourbon et d'Alençon et autres grands seigneurs, mécontents des ordonnances rendues par le roi à l'instigation du maréchal de Richemond, pour mettre un frein aux abus et aux déprédations sans nombre des gens de guerre. Cette soumission mit fin à la guerre dite de la *Praguerie*, qui tire son nom des guerres de Religion, soulevées en Allemagne par Jérôme de Prague et Jean Huss.

La ville était ceinte de fortes murailles protégées par des tours et de larges fossés, elle dut toute cette importance militaire à Louis XI, qui chargea des travaux nécessaires Jean Doyac, natif de Cusset, devenu son favori. Ce digne compagnon d'Olivier le Dain et de Tristan, finit misérablement, car après avoir été à la requête d'Anne de

France fouetté par le bourreau à Paris et à Montferrand, il eut la langue percée et les deux oreilles coupées. Quoiqu'il en soit, Doyac s'acquitta avec zèle, aux dépens du reste des provinces d'Auvergne et du Bourbonnais, de la mission dont le roi l'avait chargé, on peut juger s'il fit bien les choses, par cet extrait de la description qu'en fit plus tard l'historien Coiffier :

« La forme de la ville (dit-il) est carrée,
« ayant quatre bonnes portes, nommées
« Doyac, la Mère, La Barge et St-Antoine,
« entre lesquelles il y a quatre grosses
« tours fortes, bien percées et flanquées,
« savoir : la tour prisonnière, la tour St-
« Jean, la tour du Bateau, et la tour
« Notre-Dame, appelée la grosse tour,
« laquelle a de diamètre au haut trente
« toises, et d'épaisseur de murs à fleur
« de terre, vingt pieds de Roi. Cette tour
« est une des plus belles et mieux bâties
« qu'il se voit, car au dedans elle est pro-
« pre à loger un roi ou un prince, outre

« cela, plusieurs belles et industrieuses
« casemates et canonnières, mais le logis
« est demeuré imparfait.

« La ville est toute enceinte de grosses
« et hautes murailles, en dedans de douze
« pieds de Roi d'épaisseur, et par derrière
« tout à l'entour sont garnis de canonniè-
« res et casemates souterraines par les-
« quelles on va près de l'eau, et est flan-
« quée la dite ville de toutes parts tant
« par le moyen des porteaux que des
« tours qui sont distancées l'une de l'autre
« par égale portion, et les fossés qui sont
« profonds et larges sont à fonds de cures
« et tous pleins d'eau.

« Dans la dite ville passe partie de la
« rivière de Chizon, par le moyen de deux
« canaux mis à travers sur les fossés sur
« pilotis de bois, l'un à l'endroit de la tour
« St-Jean, et l'autre à la tour du Bateau,
« et par le moyen de ladite eau mouillent
« en la ville huit roues à moulin à blé.

« Les fortifications de ladite ville, laquelle
« est bien accommodée d'eau tant de puits
« que de fontaine, ne se peuvent si bien
« décrire qu'il ne manque encore quelque
« chose, étant si bien composées et si su-
« perbes, qu'il faut inférer que toutes les-
« dites fortifications n'ont pas été faites
« sans raisons ; la cause est la guerre du
« bien public. S'étant soulevés et bandés,
« les ducs de Bourgogne et Berri, les comtes
« de Toulouse et Provence, et le duc de
« Bourbonnais comte d'Auvergne, contre
« le roi Louis XI, lequel trouva par son
« conseil être le plus expédient pour se
« garantir de telles élévations, de faire
« fortifier entre lesdits duchés, villes fortes
« qui étaient seulement de la couronne
« de France, comme était et est la ville de
« Cusset. »

Cusset n'en est pas moins aujourd'hui un pays délaissé, quoiqu'il ait réussi à se faire doter du tribunal de première instance, au détriment de cette bonne ville de la Palisse, chef-lieu d'arrondissement. Les promenades y seraient aussi tristes que les rues, si l'on n'avait pas le plaisir d'y rencontrer quelques gracieuses femmes, intrépides danseuses, qui au moment fortuné de la saison des eaux, viennent à Vichy, vous prouver entre une valse et une polka, que les jolies femmes peuvent comme les plus belles fleurs, naître au milieu des ruines.

Le saut de la Chèvre,
LES GRIVATS, LE GOURE SAILLANT,
L'ARDOISIÈRE.

Le saut de la Chèvre.

De Vichy à l'Ardoisière 1 heure 3/4.

Les environs de Vichy sont surtout remarquables par leur variété, il n'en est pas qui offrent peut être un contraste plus frappant que celui qui existe entre les bords riants et paisibles du Sichon en aval de Cusset, et le chemin tortueux et accidenté que l'on prend pour aller de cette ville à l'Ardoisière. En effet, à partir de Cusset on s'engage dans un étroit vallon d'un aspect plus agreste, auquel les rochers qui bordent la route donnent un cachet pittoresque tout-à-fait inattendu. La rivière resserrée dans son lit, et contrariée dans son cours par les rochers et mille autres obstacles qui cherchent en vain à lui barrer le passage, bondit d'impatience et s'échappe en bruyantes cascades; puis lorsqu'on s'avance encore d'avantage dans cette vallée fraîche et humide, le paysage prend un aspect plus solitaire. Il y a là de charmants épisodes que la nature dans son inépuisable largesse semble avoir voulu prodiguer au poète et à l'artiste. Où êtes-vous Watelet, grand maître des eaux et forêts, et vous tous Jules Dupré, Français, Philippe Rousseau où êtes-vous? que ce petit moulin enfoui sous ce vert fouillis d'arbres capricieusement penchés, que ces rochers couverts de mousse et d'écume vous inspireraient de belles pages!

C'est tout en admirant ces petites merveilles de la nature que l'on arrive vers un rocher d'assez maigre apparence planté insolemment devant vous à gauche du chemin, et au près duquel on passerait certainement sans le moindre scrupule, s'il n'était devenu célèbre dans tout le pays par une légende dans laquelle la superstition entre sans doute pour beaucoup ; car l'endroit où nous nous trouvions s'appelle le saut de la Chèvre. Comme il n'y avait là ni berger ni bergère pour nous raconter l'histoire quelque peu miraculeuse de cette chèvre téméraire, force fut bien de nous adresser à un jeune gars indigène de dix-sept ans, à l'œil éveillé et malin, qui nous la raconta à peu près en ces termes :

« Il y avait une fois, il y a déjà long-
« temps, une pauvre vieille femme, sans
« enfants, bien vieille et bien malheureu-
« se, qui demeurait là-bas, voyez-vous,
« dans une de ces petites chaumières à
« côté de ce moulin. Elle n'avait pour
« toute fortune au monde, qu'une chèvre

« noire qui la nourrissait de son lait,
« aussi vous devez penser combien cette
« pauvre femme l'aimait ! Elle craignait
« toujours que l'herbe qu'elle lui avait ra-
« massée à grande peine pendant l'été, ne
« vînt à lui manquer dans l'hiver, et
« qu'elle ne fût obligée de la mener paître,
« car elle avait bien peur des loups qu'on
« entendait hurler toutes les nuits autour
« de sa demeure.

« Ce fut pourtant ce qu'elle fut forcée
« de faire par une belle gelée du mois de
« février, il n'y avait pas à reculer, les
« provisions étaient épuisées, la pauvre
« chèvre avait faim, elle bêlait à fendre le
« cœur, il y avait ma foi bien de quoi.
« Elle se hasarda donc, malgré toutes ses
« craintes, à la faire sortir pour manger ;
« mais il n'y avait pas seulement une demi-
« heure qu'elle broutait sur ces rochers
« des herbes sèches, cachées à moitié sous
« la neige, qu'un gros loup, gros comme
« un ours, qui l'avait flairée, s'approcha

« d'elle bien doucement, bien doucement
« à pas de loup enfin, c'est tout dire. Il
« allait lui sauter dessus pour la dévorer,
« quand la chèvre qui l'avait aperçu saute
« pardessus le rocher juste à l'endroit où
« nous sommes. Le loup furieux veut en
« faire autant, il s'élance en hurlant sur
« les traces de sa victime, mais moins heu-
« reux qu'elle il se tua raide en tombant.

« La pauvre vieille s'était évanouie en
« voyant le loup, mais les caresses de sa
« chèvre qui lui léchait les mains et le
« visage l'eurent bientôt rappelée à la vie.
« Voilà toute l'histoire de la chose. »

— Et il n'y vient plus de loups maintenant, demandâmes-nous à notre Cicérone
villageois.

— Oh! non mes beaux messieurs, nous
répondit-il, il n'y a pas de danger, mais il
ajouta d'un petit air malicieux, au temps
des fraises et des noisettes, il y vient sou-

vent des amoureux qui disent comme ça, qu'ils viennent avec leurs bonnes amies jeter des pierres sur le rocher, pour savoir quand ils se marieront. Si les pierres restent sur la pointe du rocher, c'est bon signe, mais si elles tombent toutes, adieu bonsoir le mariage, les pauvres filles courent grand risque de coiffer Ste-Catherine.

Les Grivats.

Un quart d'heure après avoir remercié cet amusant garçon de son obligeance, nous arrivions au hameau des Grivats, où la vallée parait devoir être interceptée par la masse des rochers à pic qui se trouve à gauche presqu'en face de la fabrique d'étoffes de coton, que le Sichon fait mouvoir. Elle est assez considérable et bien administrée, elle est d'une grande utilité pour le pays, car elle répand l'aisance dans toute la population industrieuse des environs.

Le Goure saillant.

Une fois sortis de l'espèce de défilé étroit formé par le petit hameau des Grivats, la vue embrasse un nouveau paysage sombre et sauvage, auquel succède un bassin de verdure assez vaste, couronné de tous côtés par des montagnes bien boisées dont l'aspect rappelle certaines parties du Jura Français. Un quart d'heure après, le vallon se resserre de nouveau, et l'on arrive enfin par un chemin très-couvert près de la cascade du *Goure saillant* qui se trouve à quelque distance dans les bois, à une certaine hauteur au-dessus du cours du Sichon. Cette petite cataracte en miniature d'où s'échappent avec bruit les flots écumants qui jaillissent de rochers en rochers pour rentrer dans le lit du Sichon, est entourée d'arbres dont la sombre verdure enveloppée souvent d'un nuage vaporeux mérite certainement la peine d'être vue. Les personnes qui n'ont pas eu le bonheur de visiter cette partie admirable de l'Oberland Bernois comprise entre le curieux glacier de Rosenlowi, et la vallée de Meyringen près du lac de Brientz, pourront se faire une idée très-imparfaite il est vrai des fameuses cascades du Reichenbach inférieur et supérieur, en visitant le Goure saillant. Bien qu'elle n'en soit qu'une édition Diamant, elle est mignonne et splendidement illustrée par le paysage plein de caractère et de mélancolie qui l'entoure de tous côtés.

L'Ardoisière.

Du Goure saillant à l'Ardoisière il n'y a qu'une légère distance qu'on a bientôt franchie, et nous nous trouvâmes dans une espèce de gouffre entièrement revêtu de couches d'ardoises au teint gris. L'aspect de cet endroit a quelque chose de funèbre, on y voit encore le puits qu'on avait eu l'idée d'y creuser pour exploiter l'ardoise, mais on dut bientôt y renoncer, car les schistes qui forment ces bancs sont trop friables pour qu'on puisse les employer utilement.

Le séjour que fit dans ces lieux, il y a déjà de longues années un ermite surnommé le frère Jean, a exercé et même exerce encore à présent une certaine influence sur l'imagination très-superstitieuse des gens du pays. Frère Jean, dont la jeunesse avait été sans doute fort orageuse, s'était retiré dans ces contrées sauvages. Il voulait s'y faire passer pour un petit saint, mais c'était probablement à tort, car soit qu'il ne figurât pas encore dans le calendrier, soit qu'il eût eu quelque démêlé avec dame justice, force lui fut un beau jour de disparaître. Quoique mort depuis longtemps déjà, son souvenir n'en est pas moins toujours vivant dans tous les environs. Les fortes têtes de l'endroit affirment le plus sérieusement du monde, que de temps en temps frère Jean vient pendant la nuit sous la forme d'un grand fantôme blanc, visiter les lieux qui furent jadis témoins de son bonheur sur cette terre.

Comme on le pense bien, nous n'attendîmes pas l'étoile du Berger pour voir revenir frère Jean. Les dames et nos compagnons peu ingambes rejoignirent les voitures pour reprendre tranquillement le chemin de Vichy par où nous étions venus. L'autre partie de la société composée de touristes plus intrépides gravit bravement sous le feu encore vif du soleil à son déclin, la colline qui était à notre gauche nommée le Mont-Pérou. C'est le seul point de cette partie du Bourbonnais, ou l'on trouve en abondance des traces de basalte et de matières volcaniques. On y voit encore deux tours assez insignifiantes qui dépendaient d'un château fort que les Templiers y firent élever jadis. Nous eûmes la curiosité de monter sur l'une d'elles, d'où la vue plonge sur la vallée qu'arrose si pittoresquement le Sichon et autour de laquelle les montagnes environnantes semblent former un amphithéâtre de verdure.

De là nous continuâmes un peu à l'aventure notre chemin pour Cusset, laissant sur notre gauche une chapelle placée sous l'invocation de Ste-Madeleine que les habitants des villages voisins ne manquent pas de venir invoquer quand la sécheresse ou les pluies durent trop longtemps. Heureuse sainte qui peut ainsi faire à son gré la pluie et le beau temps !

Après avoir dépassé la côte des Justices, d'où l'on aperçoit Cusset, nous disions adieu non sans regret à cette thébaïde qui nous avait séparé un instant du bruit que nos grands philosophes décorent pompeusement du nom de civilisation.

A l'air pur et vivifiant des montagnes, succéda bientôt la poussière des omnibus et des calèches qui se croisaient en tout sens de Cusset à Vichy où nous rapportâmes un appétit qui fit pâlir notre hôte d'inquiétude et d'effroi.

Les Malavaux.

De Vichy aux Malavaux 1 heure.

Nous recommandons vivement à nos lecteurs quelque peu amoureux des courses dans les montagnes sauvages et désertes, l'excursion aux Malavaux. On s'y rend en voiture en passant par Cusset que l'on quitte pour prendre sur la gauche un chemin montueux d'abord, qui après quelques moments de marche conduit par une pente assez douce, dans cette vallée triste et désolée, d'où s'écoule le Jolan.

Cette nature lugubre, silencieuse comme le désert contriste l'âme, et serre douloureusement le cœur. C'est un véritable séjour d'anachorète, digne de servir de repaire à quelque bande de Bohémiens ou aux sorcières de Macbeth, et que le génie du mal semble avoir desséché de son souffle dévastateur. Vous avancez ainsi sous cette pénible impression jusqu'à un endroit appelé le Puits du Diable, et de là, vers le dernier mamelon de ces montagnes, d'où les regards plongent dans la chaîne de celles du Forez, dont les noirs anneaux se déroulent d'un côté, tandis que de l'autre, l'ancienne capitale du Bourbonnais apparaît comme un point microscopique à l'horizon.

Lorsqu'après avoir quitté cette vallée maudite, dont le nom significatif ne peut donner qu'une idée incomplète, vous rentrez dans la nature souriante et heureuse, il semble que votre sang circule plus librement, et votre gaîté renait comme si vous veniez d'être délivré de quelque affreux cauchemar.

THIERS, MARILHAT.

De Vichy à Thiers 5 heures.

THIERS.

Voilà certainement une course un peu longue, à laquelle il faut nécessairement consacrer deux jours. Si nous la signalons c'est que nous sommes persuadés que ceux qui comme nous ne craindront pas de l'entreprendre en seront satisfaits, pour peu qu'ils soient amateurs des excentricités de la nature. C'est à l'extrémité de cette riante partie de l'Auvergne que l'on appelle la Limagne, sur un des mamelons les plus rapprochés des montagnes du Forez, et en vue des volcans éteints des monts Dores revêtus de leur splendide manteau d'hermine et de verdure, que se trouve pittoresquement perchée la curieuse petite ville de Thiers.

Sa position sur les bords torrentueux de la Durole, ses rues tortueuses et tellement escarpées pour la plupart, qu'on ne peut les parcourir qu'à dos de montures, en font autant que la population industrieuse qui l'habite, un sujet d'études intéressant pour le véritable touriste, aussi avide de chercher des impressions, que de recueillir des faits. L'étage supérieur de toutes les maisons qui est en saillie sur les autres, est d'un effet singulier, il est construit en bois de sapin rougi par l'influence de l'air.

Thiers est une ville fort ancienne puisqu'elle fut ravagée dès le VIe siècle par Théodoric. Elle possède deux ponts remarquables, le pont St-Jean et le pont du Diable qui est le plus beau ; on dit dans le pays en parlant de ce dernier, qu'on l'appelle ainsi parce qu'il y manque toujours une pierre, et que si on la remettait le diable en ôterait aussitôt une autre. Après avoir parcouru la ville dans laquelle nous nous égarions à plaisir, nous montâmes à l'église St-Jean bâtie au-dessus du cours de la Durole, d'où la vue embrasse la gorge du trou d'Enfer.

Du haut de son antique clocher on découvre la chaîne des monts Dores, à laquelle les plaines de la Limagne servent de vigoureux premiers plans. Nous serions resté longtemps encore absorbé dans la contemplation de ce magnifique tableau, si le bruit des martinets et des foulons mus par les mille cascades que l'industrie des ingénieux habitants du pays a su plier à ses besoins si variés, n'était venu nous arracher à la féerie de ce spectacle. On concevra nos regrets, car ce beau paysage était animé par les derniers rayons du soleil qui colorait de teintes pourprées les petits nuages voltigeant capricieusement dans l'azur du ciel comme des bandes de flamants roses.

Il y avait autrefois autour de Thiers diverses communautés que la législation locale protégeait spécialement. La seule qui subsiste encore de nos jours est celle des *Quittard-Pinon*, qui malgré tous les orages qu'elle a eus à traverser, reste pourtant de bout comme une preuve vivante de la force de toute association qui a pour base : l'obéissance, le désintéressement et la charité.

La simplicité antique de son organisation et de ses coutumes a quelque chose de touchant et de patriarchal. Sans entrer dans des détails spéciaux à cet égard, qu'il nous suffise de citer comme traits caractéristiques les trois faits suivants. Nous les recommandons à la sérieuse méditation de tous les hommes qui s'occupaient de socialisme et des questions d'économie politique qui sont aujourd'hui si palpitantes d'intérêts.

Les Quittard-Pinon n'ont pas fait une seule acquisition depuis plus de cent cinquante ans.

Ils ont maintenu jusqu'à présent au même prix, leurs baux qui remontent à plusieurs siècles.

Ils ne vendent jamais leurs bleds dont l'excédant dans les bonnes années est donné aux pauvres, tandis qu'ils leur en achètent dans les mauvaises.

Les femmes jouent dans cette grande famille agricole un rôle actif qui leur donne droit à certains privilèges que l'on n'a pas l'habitude de leur conférer ailleurs.

L'hospitalité est pratiquée dit-on sincèrement dans la communauté, où les visiteurs sont accueillis comme des frères. C'est un fait que malgré tout notre désir nous ne pûmes vérifier par nous-mêmes, pressé que nous étions de repartir pour Vichy.

MARILHAT.

Notre excursion à Thiers n'avait pas eu seulement pour but la vue de ses sîtes pittoresques, dont quelques-uns ne seraient vraiment pas déplacés auprès de leurs rivaux de la Suisse. Un autre motif plus puissant nous y amenait, nous voulions dans notre naïf enthousiasme d'artiste, nous y inspirer du souvenir de Marilhat, l'un des plus grands peintres de notre époque. Nous pensions retrouver quelques unes de ses œuvres dans la ville où il fut élevé, et qui bientôt disputera à un obscur village l'honneur de lui avoir donné le jour. Mais notre espérance fut déçue, c'est à Paris, dans les musées et dans quelques précieuses collections privilégiées que l'on doit chercher à étudier ce grand maître.

Prosper Marilhat, né à Vertaison, département du Puy-de-Dôme, le 26 mars 1811, est mort le 13 septembre 1847, à Paris, où il vint à l'âge de dix-sept ans. Son premier maître fut Camille Roqueplan, qui l'initia aux secrets de l'art si difficile de la peinture. Qu'il nous soit permis de jeter quelques fleurs sur cette tombe encore entrouverte !

Parmi les paysagistes de l'école moderne tels que Decamps, Marilhat, Flandin, Raffort, Dauzats et autres qui ont le mieux compris et étudié l'Orient, il faut incontestablement mettre en première ligne Marilhat et Decamps. Originaux tous deux et éminemment coloristes, leur manière d'interpréter la nature diffère cependant beaucoup l'une de l'autre. Il n'y a là rien d'étonnant, car il en est de la peinture comme de la poésie, elles peuvent l'une et l'autre rendre les impressions de cent manières également satisfaisantes. Ce sont précisément ces nuances qui rendues avec le sentiment de la fantaisie constituent le cachet particulier auquel on reconnait de prime abord tel ou tel maître. Du reste c'est un travail facile lorsqu'il s'agit d'artistes éminents, qui comme Decamps et Marilhat, en dehors de toute préoccupation de genre ou d'école s'abandonnent spontanément à leur inspiration.

Chez Decamps, la vigueur des tons, la solidité des empâtements donnent à ses œuvres quelque chose de fortement accusé et de magistral, c'est un talent essentiellement capricieux mais dans la mâle et fougueuse acception du mot. Il a plus d'une analogie avec Salvator Rosa et surtout avec Rembrandt le puissant interprète du clair obscur et des audacieux effets de lumière devant lesquels son hardi pinceau n'a jamais reculé.

Le talent de Marilhat au contraire est plus calme, plus tranquille, plus élégant et plus fini surtout dans sa dernière manière. On retrouve même dans quelques-uns de ses tableaux, ce caractère gracieux et mélancolique que l'on remarque chez Léopold Robert. Ses fonds plus légers dénotent une admirable entente de perspective dans la dégradation de la lumière, et la finesse de transparence des tons. Comme l'admirable Claude le Lorrain qu'il semble avoir particulièrement étudié, il dispose ses effets de soleil avec un bonheur d'harmonie infini.

Bien que Marilhat ait souvent reproduit quelques-uns des beaux sites de l'Auvergne au milieu desquels il est né, son talent ne s'est jamais trouvé mieux inspiré que lorsqu'il a retracé cette magique nature orientale dont il avait pu savourer à loisir toutes les splendeurs et toutes les beautés dans son voyage en Egypte et en Syrie. C'est une vérité dont il est facile de se convaincre en comparant ses paysages d'Auvergne, avec sa curieuse vue de la place de l'*Esbekieh* au Caire, les *Arabes Syriens en voyage, le Café sur une route de Syrie, et surtout les Souvenirs du bord du Nil* que l'on peut considérer avec raison comme son chef-d'œuvre. Qu'importaient les froides cascades et l'atmosphère brumeuse de ses montagnes natales, à cette chaude imagination qui aurait pu daguerréotyper, tant leurs images étaient restées vivantes dans sa pensée, les palmiers des verdoyantes oasis jetées au milieu des déserts brûlants de la Syrie, les minarets élancés aux flèches dorées, et les ruines silencieuses de Thèbes et de Jérusalem?

Fatalité étrange! toutes ces belles choses pour lesquelles les grands artistes se passionnent tant, ne leur donnent-elles donc en retour que de funestes présents? Voyez plutôt Raphaël, et de nos jours, Géricault, Léopold Robert, Bellini, Marilhat et tant d'autres, comment sont-ils morts? tous à la fleur de l'âge, tous à l'apogée de leurs talents. La célébrité ne serait-elle donc hélas! qu'une de ces dangereuses Syrènes dont le sourire provoquant, ne vous attire sur leur sein que pour mieux vous précipiter dans l'abîme du néant. Mais si le destin a été aveugle pour vous, chers et illustres morts, la postérité ne sera point ingrate, l'histoire redira votre glorieuse vie, et la poésie chantera sur ses lyres d'or vos louanges immortelles!

Saint-Germain-les-Fossés,

BILLY, LAFONT, ETC.

Indépendamment des lieux dont nous venons de tracer la description, il existe encore dans un rayon assez rapproché de Vichy, quelques villages qui soit par leur position, soit par leurs souvenirs historiques méritent certainement la peine d'être visités. Nous n'en donnons ici qu'une indication sommaire, et nous citerons en première ligne St-Germain-les-Fossés et Billy.

St-Germain est un grand bourg qui possède au moins mille habitants. Les épaisses murailles qui l'entourent, sa situation pittoresque sur le penchant d'un côteau, dénotent suffisamment que sous le régime de la féodalité, il a joué un rôle assez important. Il fut en effet mêlé plusieurs fois aux guerres entre les catholiques et les protestants, dont il eut beaucoup à souffrir. Il possédait un riche prieuré qui contribua beaucoup à sa splendeur. Aujourd'hui que ses fossés et ses tours ont disparu, Saint-Germain est devenu un pays sans importance et sans caractère, mais d'où l'on découvre un paysage très-agréable.

De St-Germain on se rend par un chemin plus attrayant que facile, à Billy, dont les vieilles tours ne tardent pas à paraître au-dessus des arbres qu'elles dominent. Billy est gentiment situé près de l'Allier ; avec ses anciennes portes, ses murailles qui tombent en ruines, et son vieux château dont quatre tourelles subsistent encore, il forme une de ces ruines imposantes qui sont une véritable bonne fortune pour l'album d'un amateur ou d'un artiste. Jadis Billy, suivant Coiffier, était une des châtellenies les plus étendues du Bourbonnais, on y comptait Varennes compris, quatre mille huit cents feux. Le château était de forme ronde, et flanqué de dix tours ; au-dessus de ce château et y attenant, il y avait encore un second château appelé le donjon, flanqué de cinq tours, et qui servait de demeure particulière aux princes, lorsqu'ils y venaient séjourner.

Aujourd'hui ses fossés sont convertis en jardins bien entretenus, dont l'aspect jeune et riant contraste agréablement avec la mine renfrognée du vieux manoir féodal. Le donjon, la chapelle, la tour de l'observatoire, dont la taille svelte s'élançait jadis vers le ciel, tout jusqu'aux cachots et aux oubliettes porte l'empreinte de la destruction. Mais l'ensemble grandiose de ces belles ruines suffit encore pour se faire une juste idée de la force militaire de ce château défendu par l'Allier et la forêt de Marsenal. Aussi les noms de ses anciens seigneurs figurent-ils dans les annales du temps comme s'étant mêlés à toutes les guerres de religion.

Le château moderne de Lafont, le village de Châtel-Montagne, dont l'église est une gracieuse composition de l'époque de la Renaissance, et la petite ville de Châteldon qui possède des eaux minérales estimées peuvent encore former des sujets intéressants d'excursions que nous recommandons au zèle des touristes.

PARTIE MÉDICALE.

PARTIE MÉDICALE.

Avant d'entrer en matière, nous commençons par déclarer très-humblement, qui n'ayant pas l'honneur d'être médecin, cette partie de notre ouvrage, n'est autre chose qu'un simple résumé aussi succint qu'impartial des diverses observations publiées jusqu'à ce jour par les sommités médicales qui se sont occupées de l'étude des eaux de Vichy. Seulement comme elle est destinée à instruire les malades sans les fatiguer, nous en avons banni les discussions scientifiques et autant que possible les termes thecniques, fort bien placés sans doute dans un traité spécial, mais qui seraient probablement peu goûtés par le public d'élite pour lequel nous écrivons.

MALADIES

Traitées par les eaux de Vichy.

Les eaux alcalines de Vichy sont employées avec un grand succès principalement dans les maladies suivantes, pourvu qu'elles ne soient pas dans leur période inflammatoire, ou bien qu'elles aient passé à un état tout-à-fait chronique. Ce sont :

Les maladies du foie, de la rate, la jaunisse, les gastrites gastralgies, les engorgements des glandes mésenteriques et lymphatiques, la leuchorrée et les rhumatismes.

Les maladies de la vessie, des reins,

la gravelle, les calculs d'acide urique dite gravelle rouge.

Enfin la goutte et la pierre.

C'est relativement à la vertu des eaux de Vichy pour la goutte que M. Prunelle est en guerre ouverte avec M. Petit. Malgré les objections de son savant compétiteur, M. Petit, frappé de l'analogie qui existe entre les causes qui peuvent déterminer la gravelle et celles de la goutte, fort surtout des heureux résultats qui viennent chaque jour donner une nouvelle autorité à son opinion, persiste plus que jamais à soutenir l'efficacité des eaux de Vichy dans les cas de goutte articulaire, même héréditaire. Le rapport favorable présenté en 1840 par M. Patissier à l'académie de médecine est encore corroboré par de nouvelles observations consignées dans un mémoire de M. Petit, publié en 1842, observations auxquelles chaque année la pratique vient ajouter l'autorité concluante de l'expérience.

Quant à la pierre, M. Petit est également d'avis qu'elle peut être guérie par le seul emploi des eaux de Vichy, et il l'appuie de divers exemples dans lesquels il y a eu des cures de cette maladie.

DES SOURCES.

Leurs propriétés particulières.

On compte à Vichy sept sources dont cinq principales qui sont : *le Puits Carré, la Grande Grille, le Puits Chomel, la Source de l'Hôpital et celle des Célestins.* Quant aux deux autres qui ont moins d'importance ce sont la source *Lucas* et la fontaine des *Acacias.*

Bien que toutes ces sources renferment à peu près les mêmes substances, la différence de leurs proportions et surtout de leur degré de température influent trop sur leurs résultats pour ne pas les signaler à l'attention des malades. Les diverses températures indiquées sont celles qui ont été observées par M. Longchamp, à l'échelle du thermomètre centigrade.

SOURCE DU PUITS CARRÉ.

Température 44° 88.

C'est la plus considérable de toutes, elle est située dans la galerie nord de l'établissement. Si elle est peu fréquentée par les buveurs, auxquels elle peut être recommandée pour les maladies des voies digestives, elle n'en est pas moins d'une immense utilité, car elle alimente en majeure partie les bains et les douches du grand établissement.

SOURCE DE LA GRANDE GRILLE.

Température 39° 18.

L'eau de cette fontaine qui, à cause de sa situation à l'extrémité de la galerie nord, sert aussi à l'alimentation des bains, est principalement conseillée dans les maladies d'estomac, du foie et de la rate. On en fait un grand usage en boisson, c'est avec celle de l'hôpital, celle qui est la plus fréquemment expédiée au dehors.

SOURCE DU PUITS CHOMEL.

Température 39° 26.

On n'emploie guère qu'en boissons les eaux de ce puits, qui ayant une grande analogie avec celles du Puits Carré sont employées avec succès dans les mêmes cas. Chomel qui lui donna son nom à cause de la découverte qui en fut faite en sa présence en 1775, dit que les eaux de ce puits sont bues avec plaisir par les Anglais sujets à la maladie de consomption.

SOURCE DE L'HOPITAL.

Température 35° 25.

Cette source que l'on appelle aussi la fontaine Rosalie, est située sur la jolie place semi-circulaire de l'Hôpital qui sépare le vieux Vichy du jardin de l'établissement. C'est autour de l'élégant bassin qui contient ses eaux, que se réunit ordinairement la majeure partie des buveurs. Elles agissent principalement dans les maladies du foie, de la rate et de l'estomac ; ses propriétés digestives surtout, sont d'une efficacité vraiment remarquable.

SOURCE DES CÉLESTINS.

Température 19° 75.

C'est près de l'Allier à l'ancienne place occupée jadis par le couvent de ce nom dont nous avons parlé plus haut, que jaillit d'un rocher, le précieux filet d'eau que l'on nomme la source des Célestins. Elle est le rendez-vous presque exclusif des goutteux et des calculeux, qui pour s'y rendre ont une assez grande course à faire. C'est à leur intention que le nouveau pavillon d'attente a été édifié près de la source même. La grande quantité d'acide carbonique et de substances salines dont elle est chargée la rendent la plus énergique mais aussi la plus irritante de toutes les sources de Vichy. Aussi ne convient-elle pas aux personnes faibles ou nerveuses. Son efficacité dans les maladies des reins, de la vessie et de la gravelle est incontestable, car elle favorise au plus haut degré la sécrétion urinaire. C'est elle que l'on emploie aussi pour la goutte et la pierre.

SOURCE LUCAS.

Température 29° 75.

SOURCE DES ACACIAS.

Température 27° 25.

Ces deux sources se trouvent sur la route de Cusset. La première contient une très-grande quantité d'hydrogène sulfuré, les inflammations qu'elle peut développer ne la font administrer que rarement même coupé avec du lait et du thé. La seconde diffère peu de la première, elles sont l'une et l'autre de peu d'importance et on en fait rarement usage.

PUITS ARTÉSIEN DE M. LARDY.

Température 27°.

Indépendamment de ces sept sources, il en existe encore une nouvelle dite du *Puits Artésien*. Elle est située dans l'ancien enclos des Célestins, elle joint aux éléments minéralisateurs des autres sources la propriété de contenir du fer, son eau est piquante comme celle des Célestins. Elle est conseillée principalement aux malades affectés de chloroses et de scrofules. Elles sont très-énergiques et peuvent agiter vivement les personnes nerveuses, et surtout les femmes.

SONDAGES DE MM. BROSSON.

MM. Brosson, anciens fermiers de l'établissement, propriétaires des eaux minérales d'Hauterive-les-Vichy dont le goût, la composition et la vertu, ont beaucoup d'analogie avec celles de la source des Célestins ont fait forer depuis quelques années à Vichy, non loin du grand établissement thermal, sur des terrains leur appartenant des puits qui leur ont procuré de nouvelles sources jaillissantes d'une eau minérale presque identique aux autres. Mais l'État s'étant opposé à leur mise en exploitation, il en est résulté entre lui et MM. Brosson, un procès qui est encore pendant.

Le volume des diverses sources de Vichy, est aussi différent que leur température. Car tandis que la source des Célestins produit à peine cinquante mètres cubes d'eau par heure, celle du Puits Carré en produisait 172,000 mètres cubes dans le même temps, avant le sondage opéré par MM. Brosson qui a diminué ce chiffre d'une manière assez remarquable.

PROPRIÉTÉS DES EAUX DE VICHY.
Leur composition.

Les eaux de toutes ces sources qui sont chaudes à l'exception de celle des Célestins, sont claires, et gazeuses, elles ont un goût aigrelet assez prononcé. Bien qu'elles soient incolores à leur sortie de terre, elles prennent insensiblement à l'air une teinte verdâtre très prononcée, surtout dans le grand bassin de la fontaine *Rosalie*. La présence de l'acide carbonique qui s'y trouve mêlé à une certaine quantité d'air atmosphérique plus fortement oxigéné que l'air ambiant se trahit par les nombreuses bulles qui s'en dégagent.

Les qualités stimulantes qui rendent ces eaux si énergiques sont dues en grande partie à ce mélange gazeux. Aussi ne doit-on pas s'étonner si les eaux transportées n'ont pas autant d'action que celles bues sur place, quelque précaution que l'on prenne pour leur conservation, en tenant les bouteilles couchées dans un lieu d'une température moyenne, également à l'abri de la chaleur et de la gelée. La raison en est bien simple, car indépendamment de leurs principes fixes, ces eaux en ont aussi de volatiles qui disparaissent nécessairement dans le trajet. Il n'est donc pas surprenant qu'elles agissent moins efficacement sur le malade qui de son côté ne se trouve plus dans les mêmes conditions atmosphériques et hygiéniques que s'il les prenait sur les lieux.

On verra par l'analyse faite par M. Longchamp en 1825, rapportée dans le tableau ci-après que toutes les eaux de Vichy ont une composition uniforme, sauf quelques variations de quantité de substances dans les différentes sources. Le carbonate de soude qui y domine si puissamment en fait la base essentielle, le muriate de soude ou sel marin, et le sulfate de soude ou sel de Glaubert y apparaissent aussi en quantité notable.

SUBSTANCES contenues DANS LES EAUX.	SOURCES.					
	Grande Grille.	Chomel	Grand Bassin.	De l'Hôpit.	Des Acacias.	Lucas.	Des Célest.
Acide carbonique	Litre 0,475	Litre 0,499	Litre 0,534	Litre 0,494	Litre 0,649	Litre 0,540	Litre 0,562
	Gr.	Gr.	Gr.	Gr.	Gr.	Gr.	Gr.
Carbon. de soude	4,9814	4,9814	4,9814	5,0513	5,0513	5,0863	5,3240
— de chaux	0,3490	0,3488	0,3429	0,5223	0,5668	0,5008	0,6103
— de magnésie	0,0849	0,0852	0,0867	0,0952	0,0972	0,0970	0,0725
Muriate de soude	0,5700	0,5700	0,5700	0,5426	0,5426	0,5463	0,6790
Sulfate de soude	0,4725	0,4725	0,4725	0,4201	0,4202	0,3933	0,2752
Oxide de fer	0,0029	0,0031	0,0066	0,0020	0,0170	0,0029	0,0059
Silice	0,0736	0,0721	0,0726	0,0478	0,0510	0,0415	0,1131
Totaux	6,5351	6,5331	6,5327	6,6814	6,7461	6,6678	6,9802

D'après cette analyse chimique on voit que l'alcalinité est la qualité prédominante des eaux de Vichy. Elles rendent le sang et les autres liquides plus coulants en activant leur circulation. Elles favorisent puissamment leur sécrétion en les alcalisant, c'est-à-dire en les rendant plus fluides.

Prises à l'intérieur elles exercent une action diurétique, apéritive, digestive, stimulante et résolutive. C'est surtout grâces à leurs vertus fondantes et alcalisantes, qu'elles sont souveraines dans les maladies accompagnées d'engorgements, dont elles ramollissent et diminuent le volume, telles que les maladies *de foie*, pour lesquelles elles sont spécifiques, celles des *ovaires*, de *la rate*, etc. Leurs propriétés alcalisantes sur les urines sont tellement efficaces que pour certains individus, deux verres par jour suffisent pour arriver à ce résultat, qui chez d'autres au contraire ne peut être atteint que par l'absorption d'une quantité triple ou quadruple. Mais la dose convenable peut être facilement déterminée à l'aide de papiers à réactifs.

Prises à l'extérieur les eaux de Vichy agissent d'une manière toute différente. C'est un dérivatif puissant qui excite sur toute la peau des picotements et des démangeaisons, lorsque les bains ne sont composés que d'eau minérale, mais c'est ce qui n'arrive qu'exceptionnellement.

Saison, durée du traitement.

On croit que les eaux prises dans les plus fortes chaleurs, agissent plus efficacement qu'à toute autre époque de l'année. C'est une erreur trop généralement accréditée pour ne pas chercher à la détruire; car il est démontré principalement en ce qui concerne Vichy, que pendant les mois de Juillet et d'Août, les eaux ne doivent être prises qu'avec la plus grande circonspection, sous peine de voir se produire des accidents inflammatoires, des maux de tête, des insomnies et une grande excitation du système nerveux. Les mois de juin et de septembre doivent donc en général être préférés.

De l'opinion des meilleurs praticiens, la durée de la saison, c'est-à-dire du traitement pour chaque malade, ne peut être moindre de vingt jours, même pour les affections légères, ni en excéder quarante, pour les cas les plus invétérés, tels que les engorgements de toute nature, la paralysie, la goutte, etc.

Mode d'administration des eaux.

Régime et précautions hygiéniques.

On administre les eaux de Vichy, en boisson, bains, douches et lavements.

La quantité ordonnée ordinairement, varie de deux à dix verres par jour, selon les cas de maladie, la force et l'irritabilité des malades. On les prend de préférence tous, ou en majeure partie, dans la matinée de quart d'heure en quart d'heure en faisant un exercice modéré au grand air. Les bains viennent puissament seconder l'effet de l'eau administrée à l'intérieur, ils durent ordinairement une heure, ils conviennent principalement aux personnes atteintes de maladies inflammatoires viscérales, et des voies urinaires. L'emploi des douches si plaisamment décrites par Mme de Sévigné est d'un grand succès dans les engorgements de la rate, du foie, et dans les affections goutteuses et rhumatismales. Les lavements ne sont usités que très-exceptionnellement, dans les cas de maladies de matrice.

Le régime entre aussi pour beaucoup dans le succès du traitement, ainsi il faut éviter de manger des aliments poivrés ou épicés ou des crudités. La crème, le beurre, les fruits acides, même cuits, le vin pur, les liqueurs et le café sont défendus également.

Les malades devront s'habiller chaudement, et éviter l'humidité non seulement en sortant du bain, mais encore le soir et surtout après les temps d'orages qui amènent toujours à Vichy un réfroidissement très-brusque et très-sensible ; enfin la distraction et les plaisirs sont indispensables pour seconder l'action des eaux.

Dernier conseil.

Quelque confiance que les malades puissent avoir dans les médecins de leurs localités, ils doivent absolument en arrivant à Vichy consulter un des médecins attachés aux Eaux. Toute autre manière d'agir serait un danger, car eux seuls peuvent juger de leur état actuel, déterminer la quantité d'eau à boire, ou celle à mettre dans les bains, et surtout modifier à l'instant le traitement s'il est nuisible.

INDICATEUR GÉNÉRAL

DES MÉDECINS, HÔTELS, MAISONS GARNIES,

MOYENS DE TRANSPORT,

PRIX DES EAUX THERMALES, ETC.

INDICATEUR GÉNÉRAL.

SERVICE MÉDICAL.

Inspecteur des eaux de Vichy : M. le docteur Prunelle.

Inspecteur adjoint : M. le docteur Ch. Petit.

Hôpital civil.

Médecin en chef : M. le docteur Noyer.

Hôpital militaire.

Médecin principal : M. le docteur Barthez.

Chirurgiens sous-aides : MM. Besnier, Levé.

Etablissement thermal.

Régisseur : M. Faucille.

Pharmaciens.

MM. Bru et Batilliat.

Libraires.

MM. Lafont, Bougarel.

Banque et Recouvrements,

Change de billets de banque, or et papiers divers.

M. Adolphe Faverot, à Vichy.

M. A. Boutin et Marconot, à Cusset.

Hôtels.

Nous croyons très-utile de donner aux buveurs d'eau de Vichy, les noms des différents hôtels avec leurs prix par jour, et leurs situations. De cette manière on pourra à l'aide de ces indications faire à l'avance son budget, et retenir d'avance par correspondance un appartement dans l'hôtel que l'on aura choisi.

Rue des Thermes.

Hôtel Montaret.	8 à 10 fr.
Hôtel Guillermin	8 à 12
Hôtel de Paris	8 à 12
Hôtel Velay.	8 à 12
Hôtel Burnol	6 à 8
Hôtel Givois-Prêtre. . . .	8 à 12

Rue Lucas.

Hôtel Chaloin.	8 à 12

Rue de Nîmes.

Hôtel de l'Europe.	5
Hôtel Paput.	5
Hôtel de Rouen.	5
Hôtel des Célestins.	5

Rue de l'Hôpital.

Hôtel Grenet.	6
Hôtel Charles	6

Rue de Paris.

Hôtel Dubessay.	5
Hôtel du Rhône.	5
Hôtel de la Suisse.	5
Hôtel de la Côte-d'Or.	5

Rue de Ballore.

Hôtel Maussant.	5

Outre les prix indiqués ci-dessus pour la table et le logement, il est d'usage de donner pour le service ordinaire des domestiques 50 centimes par jour, que l'on remet au maître d'hôtel qui en fait la répartition.

Tous les grands hôtels et même la plupart des petits, possèdent des salons, dans lesquels se trouvent des pianos qui sont à la disposition des locataires.

A l'hôtel Guillermin, l'abonnement au salon de l'hôtel où l'on trouve outre le piano, différents jeux et plusieurs journaux coûte six francs pour la saison ; cet abonnement est du reste facultatif.

Principales maisons garnies.

Rue de Paris.

Gabard, Chassaing, Rodde, Jarry, Montaret jeune, Jourde, Bresson, Dyonnet.

Rue Lucas.

Soillat, Barnichon, Mme Eymard.

Rue du Pont Tillard.

Givois-Carolet, Auguste Maussan et François Maussan.

Place du Fatitot.

Noyer, Ramin-Prêtre.

Place Rosalie.

Mme Collas, Ramin-Prêtre, Dussurget, Desbret-Sornin, Desbret-Lagarenne, Desbret-Tabardin, Bonfils, Chabannes et Grangier aîné.

Rue du Pont.

Lustrat-Busson, Prêtre-Collas.

Rue de Nîmes.

Sarrau, Alain, Chopard, Marien-Roche, Grangier-Colas, Corbon, Louis Dumas, Grangier François, Dachez et Robert.

Place de la Mairie.

Mme Ramin-Chacot (chambre de Mmes de Sévigné et de Lamartine).

Rue d'Allier.

Charles Delaunay et Jardin.

Rue Porte de France.

Mlle Rodde.

Toutes ces maisons garnies dont les prix varient jusqu'aux proportions les plus modestes, sont en général bien tenues. Elles sont habitées principalement par les personnes qui viennent en famille, ou par celles qui ont besoin de vivre plus sobrement qu'à l'hôtel. Les domestiques de ces maisons sont à la disposition des locataires pour préparer leurs repas suivant leurs goûts et les prescriptions des médecins.

Choix Topographique.

Comme l'étendue de Vichy est déjà assez développée pour fatiguer dans leurs courses certaines classes de buveurs, tels que les goutteux, calculeux et autres, auxquels l'eau de la source des Célestins ou celle du puits artésien sont prescrites, nous leur conseillons de choisir de préférence leurs logements dans les rues les plus voisines de ces sources, qui sont : rue du Pont, place Rosalie, rue de l'Hôpital, rue des Nismes, et dans le vieux Vichy, rue d'Allier, rue Porte de France, et place de la Mairie.

Quant aux autres sources, elles sont assez centrales, pour ne pas fatiguer les malades. Cependant les personnes qui boiront à la source de l'Hôpital, ou qui prendront leurs bains à l'Hôpital, pourront se loger de préférence place Rosalie, rue du Pont, rue de l'Hôpital, place du Fatitot, rue du Pont Tillard, rue des Thermes, et rue de Nismes. Tandis que celles qui devront boire à la Grande Grille, ou au Petit Puits, devront choisir dans les rues des Thermes, Lucas, de Paris et de Ballore.

Qu'il nous soit permis de dire, pour compléter ces indications, que soit par sa situation centrale, soit par son délicieux aspect sur le parc, la rue des Thermes siège des principaux hôtels, a droit à la préférence des buveurs.

Moyens de transport.

MESSAGERIES NATIONALES, RUE NOTRE DAME DES VICTOIRES, A PARIS.

Bureau à Vichy,

Chez Joseph Colombat, rue des Thermes.

Près l'Hôtel de Paris,

Deux départs par jour.

Pour Paris,

L'un à 7 heures du matin, l'autre à 6 heures du soir.

En Correspondance directe à Moulins avec les services,

De Moulins.	Dijon par Autun en	22 h.
	Mâcon par Charolles en	14 h.
	Limoges en	21 h.
	Nevers en	5 h.

Le bureau de Vichy assure d'avance des places pour toutes ces destinations.

Service de Vichy à Lyon, par Roanne,

en correspondance directe avec les bateaux du Rhône et de la Saône.

MESSAGERIES GÉNÉRALES, RUE SAINT-HONORÉ, 150, A PARIS.

Bureau à Vichy,

Tenu par Adolphe Faverot, 4, rue des Thermes.

Services tous les jours,

De Paris, par Moulins et Nérondes, (chemin de fer du centre,) en 20 heures.

De Lyon, par Roanne et Tarare en 18 heures.

Ou par le chemin de fer de Saint-Étienne.

De Dijon par Moulins et Autun.
De Limoges, par Moulins et Guéret.
De Moulins, par Varennes, route neuve.
De Clermont, par Gannat.
De Mâcon à Vichy, en 15 heures.
De Chalon-sur-Saône, par Digoin et la Palisse.

(On peut de Chalon se rendre à Vichy en poste, en passant par Saint-Léger, Blanzy, Digoin, le Donjon et la Palisse.)

De Bordeaux par Limoges, malle poste de Bordeaux à Clermont.

D'ici à quelques années le chemin de fer du centre qui depuis le premier mai dernier conduit jusqu'à Nérondes, devant passer par Saint-Pourçain et Clermont-Ferrand, rendra le voyage de Paris à Vichy aussi prompt que facile et modifiera avantageusement les autres voix de transport.

Prix des Eaux Thermales.

Aux termes d'un arrêté du ministre de l'agriculture et des travaux publics en date du 21 décembre 1841, le tarif des eaux de Vichy expédiées à partir du premier janvier 1842, époque de la mise en régie de l'établissement thermal a été fixée ainsi :

Bouteille d'un litre avec bouchon capsule et emballage, 60 centi.

Demi bouteille idem, 35 centi.

Remise de cinq pour cent sur le prix de cent bouteilles et au-dessus.

On pourra faire remplir aux différentes sources de l'établissement thermal des bouteilles d'un litre ou demi litre au prix de 30 centimes le litre, ci, 30 centi.

Et de 15 c. le demi litre, ci, 15 centi.

Mais il sera payé en outre à la régie pour le bouchon et la capsule, par bouteille cinq centimes, ci, 05 centi.

A l'avenir les demandes d'eaux devront être faites directement et par lettres affranchies *au régisseur de l'établissement thermal de Vichy.* Les envois seront accompagnés d'un certificat d'origine délivré par ce fonctionnaire. Les eaux seront contenues dans des bouteilles de grés fermées outre le bouchon par une capsule, indiquant le millésime de l'année de leur puisement et le nom de la source d'où elles proviennent.

Réglement

Des salons de l'établissement thermal de Vichy,

Sous la direction de M. STRAUSS.

ARTICLE PREMIER. Les salons sont ouverts du 15 mai au 15 septembre.

ART. 2. Chaque jour, du 1er juin au 1er septembre de 8 à 10 heures du soir, l'orchestre de M. Strauss exécutera de la musique d'ensemble et autre. Les dimanches et les jeudis de chaque semaine il y aura grand bal.

ART. 3. Des journaux politiques et littéraires, une bibliothèque et des instruments sont mis à la disposition des abonnés, mais dans l'intérieur des salons seulement. Sont exceptés de cette disposition les pianos destinés aux études particulières.

Art. 4. Le prix des abonnements aux salons est fixé savoir :

Pour une personne,	20 fr.
Pour deux personnes de la même famille, père et mère,	30 fr.
Pour chaque enfant non marié,	10 fr.

Art. 5. Le mardi de chaque semaine est réservé aux bals des sociétés particuliers et aux concerts des artistes étrangers. Une indemnité de cent francs sera payée à M. Strauss, pour tous frais d'orchestre, d'éclairage et d'appropriation dans chacune de ces soirées.

Art. 6. Les jeux sont tarifés comme suit : Le billard est à un franc par heure, et quinze centimes par bille de poule, à la lumière les prix sont doublés, les deux jeux de piquet à un franc cinquante centimes, les deux jeux de cartes entiers, deux francs.

Nota. Les étrangers de passage sont admis aux bals au moyen d'un billet d'entrée dont le prix est de quatre francs.

FIN.

TABLE DES MATIÈRES.

Partie descriptive.

Vichy . . . . *Pages*	1
Le Vieux Vichy	3
Le Nouveau Vichy	17
L'Établissement Thermal	37
Strauss	43
La Chambre de Madame de Sévigné . . .	55
Hôpital civil	61
Hôpital militaire	62
Succursale du grand Établissement . . .	63
Distractions	65

Partie pittoresque.

La Côte Saint-Amand	71
Hauterive	77
Busset	83
Randan	89
Maumont	107
Effiat	115
Les Bords du Sichon	139

Un Roman sur les Bords du Sichon	147
Cusset	209
Le Saut de la Chèvre	219
Les Grivats	224
Le Goure Saillant	225
L'Ardoisiere	226
Les Malavaux	231
Thiers	233
Marilhat	239
Saint-Germain-les-Fossés, Billy, etc.	245

Partie médicale.

Page	249
Maladies traitées par les eaux de Vichy	252
Des Sources, leurs propriétés	254
Propriétés des eaux de Vichy	261
Saison, Durée du traitement	265
Régime et précautions hygiéniques	266
Dernier conseil	268

Indicateur général.

Page	271

FIN DE LA TABLE.

Chalon-sur-Saône, Imprimerie Montalan.

www.ingramcontent.com/pod-product-compliance
Lightning Source LLC
Chambersburg PA
CBHW070753170426
43200CB00007B/761